职场突破

高效自驱成长指南

谷任明　唐玲　著

中国铁道出版社有限公司
CHINA RAILWAY PUBLISHING HOUSE CO., LTD.
北京

图书在版编目（CIP）数据

职场突破：高效自驱成长指南 / 谷任明，唐玲著.
北京：中国铁道出版社有限公司，2024. 12. -- ISBN
978-7-113-31709-6

Ⅰ. C913.2

中国国家版本馆 CIP 数据核字第 2024ZM6635 号

书　　名：职场突破——高效自驱成长指南
ZHICHANG TUPO——GAOXIAO ZI QU CHENGZHANG ZHINAN
作　　者：谷任明　唐　玲

责任编辑：郭景思　　编辑电话：（010）51873007　　电子邮箱：guojingsi@sina.cn
封面设计：梧桐影
责任校对：苗　丹
责任印制：赵星辰

出版发行：中国铁道出版社有限公司（100054，北京市西城区右安门西街 8 号）
网　　址：https://www.tdpress.com
印　　刷：河北燕山印务有限公司
版　　次：2024 年 12 月第 1 版　2024 年 12 月第 1 次印刷
开　　本：710 mm × 1 000 mm　1/16　印张：16　字数：238 千
书　　号：ISBN 978-7-113-31709-6
定　　价：69.80 元

序言

这是一个最好的时代，一切都充满着希望。我们身处快速发展的环境中，所面临的挑战无处不在。放眼大千世界，我们是渺小的，又是幸运的。对于每一个平凡的人而言，我们都有成功的机会。

平凡的我们会被周边的环境、生态等多种信息影响和干扰。我们每天打开各种自媒体平台，都会听到无数声音告诉我们如何成功。从社交媒体上那些光鲜亮丽的博主，到各类自我提升的课程和讲座，我们不断被灌输一种观念：成功似乎只需一个秘诀就能一蹴而就。在海量信息的冲击下，我们似乎忘记了，职场上的成功更多依赖于自我认知、自我修炼和自我持续成长。成功不仅仅是模仿那些看起来已经达到顶峰的人，而是找到真正属于自己的路。在海量信息和多种焦虑影响的叠加下，让很多平凡的人总在追求快速成功的道路上徘徊。随着工作强度的增加和职业生涯的不确定性，职业倦怠成为我们所面临的现实问题。长时间的工作压力使得我们感到疲惫不堪，甚至开始怀疑我们自身的价值和所做的一切是否值得。在这种情绪的背后，充满着迷茫甚至是焦虑。

幸运的是，我们一直在追求，如果能够尽早掌握职场发展的底层逻辑和基本功，那么每个平凡的人都有成功的机会。本书是我二十多年从业、创业，以及咨询、培训辅导超过万名学员过程中的观察、思考和总结。我看到太多企业因员工缺乏系统培养造成组织成本上升和资源浪费；看到太多员工因没有掌握职场发展的底层逻辑和基本功走了弯路、浪费了时间。近十年来，我发自内心想创作一本回归到个体成长的书，希望能帮助广大职场人少走弯路，获得成功。

这不仅是一本引导职场人成长的书，还是一本帮助职场人在信息过载和职业倦怠中找到自我、重新点燃内心激情的成长指南，更是一本构建职业成长基本功和增强职场竞争力的操作手册。在本书中，我们将一起探讨如何在各种成功典范和网络文化包围的环境中保持清醒，如何识别并对抗职业倦怠，如何在看似平凡的日常工作中寻找到自身价值和成就感，并掌握职场突破的底层逻辑和内生动力。

本书旨在助力大家激发职场自驱力，共分为认知、重构、进阶三篇。认知篇主要讲如何在信息洪流里找准定位，摒弃惯性思维，塑造新角色认知，筛选有益信息转化为成长动力。重构篇讲的是在职业倦怠与迷茫中找寻新方向，重塑价值观与职业目标，调整思维以获取活力与内生动力，巧用解码工具实现成长。进阶篇则分享职场策略、技巧与方法，平衡工作与生活，掌握经营思维。书中还有互动练习，可助您将知识转化为成果。希望这本书能在您成长路上略尽绵薄之力。

在这个最好的时代，让我们一起进步，不被外界嘈杂的声音所左右，不因职业倦怠而失去前进的动力，找到属于自己的那束光。

我们虽是平凡人，但要敢为非凡事。让我们从现在开始准备，突破舒适圈，打破固有的思维定式，突破障碍，成为自己命运的主人，创造属于自己的精彩职业生涯。

谷任明

2024 年 10 月

目　录

认知篇

重构篇

进阶篇

第六章 个人成长的十项基本功

认知篇

通过认知篇，我们将探讨如何在信息的海洋中找到属于自己的定位,打破固有的惯性思维,建立全新的角色认知,识别那些真正对自己有帮助的信息，并将其转化为自我成长的动力。

第一章　我是谁

我们每个人都在不停地寻找着自己的位置，试图回答那个古老而深刻的哲学问题：我是谁？这不仅是哲学上的一个追问，更是我们在人生、职场旅程中需要面对的现实问题。我们的身份、角色、价值观，以及我们所追求的目标和未来，都围绕着这个问题旋转。

在职场这个大舞台上，我们或许是勤勉的工作者，灵活解决问题的智者，或者是富有思考能力的创造者。我们的工作定义了我们的社会身份，塑造了我们的自我认知。然而，当深入挖掘这个问题时，我们会发现，我们不仅仅是各种职业或性格标签的堆砌。我们的价值远远超出了简历上的字句，我们的潜力也不应被现有成就所限制。其实，我们真有无限的可能。

在这个互联网时代，我们不断被塑造和重塑。社交媒体、新闻报道、职场培训，甚至是我们身边人都在无形中塑造着我们对“我是谁”的理解。但在这一切之外，更重要的是找到属于自己的声音——那个真实的、不受外界影响的成长中的自我。

这个真实的自我不是固定不变的。它随着我们的经历、我们的成长而不断演变。它是我们面对挑战时的坚持，是我们在失败中学到的教训，是我们在迷茫时的选择，是我们在成功时分享的喜悦。我们是自己故事的主角，也是自己故事的作者。我们塑造着自己，同时也被自己所塑造。

“我是谁”这个问题的答案不是一成不变的。它需要我们在生活的每一个阶段，都去重新探索和定义。在职场中，这意味着我们需要不断地学习新技能，接受新事物，迎接新挑战，寻找新机遇。同时也意味着，我们需要时刻保持自我反思，确保我们所做的一切都能够让我们更接近自己的内心和理想。

最终，“我是谁”这个问题的答案，也许就藏在我们的旅程中。在这个旅程中，我们不仅会发现自己的真实身份，也会发现自己真正想要的生活和未来。所以，让我们勇敢地走上这场探索之旅，不断地问自己“我是谁”，直到我们找到那个让我们心灵得到回响的答案。

定义好“我是谁”，其实已经向成功迈出了一大步。

第一节　人受制于思维吗

在现实生活中，我们的思维方式塑造着我们的行为，进而决定我们的成就。从某种意义上讲，我们受制于自己的思维方式。我们的思维方式决定了我们如何看待挑战和机遇，如何与领导、同事和客户互动，乃至于如何看待自己的家庭关系、职业生涯和个人成长。

一、思维—行为—结果三角模型

心理学家阿尔弗雷德·阿德勒说：“困扰我们的并不是过去的客观事实，而是主观上的理解。”这种主观上的理解其实就是我们对人、事、物的思维认知。

思维—行为—结果三角模型，如图 1-1 所示。

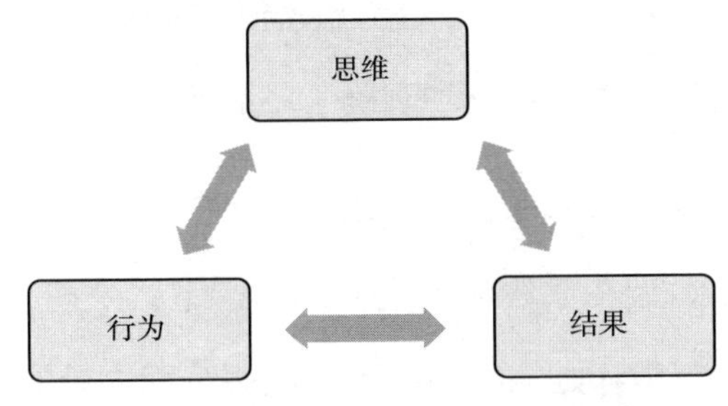

图 1-1 思维—行为—结果三角模型

（1）思维是行动的起点。积极的思维方式可以激发我们面对挑战时的勇气、决心和创造力，而消极的思维方式则可能让我们在困难面前害怕、退缩并形成习惯。比如，面对一次失败的项目，一个持有积极成长思维的职场人，他可能会看到其中的学习机会，而一个持有固定消极思维的职场人，他可能只会感到挫败和无力。

（2）思维方式直接影响行为的选择。在职场上，行为的差异最终会导致完全不同的结果。那些能够主动寻求反馈、乐于接受挑战的人，往往能更快地成长和进步；反之，那些避免困难、逃避痛苦、抗拒改变的人，可能会发现自己在职业道路上越走越慢、越走越窄。

（3）结果（或环境）反过来又会影响我们的思维。成功的体验或有利的环境可以增强我们的自信心，让我们更愿意在未来采取积极的行动；失败的体验或糟糕的环境，如果没有得到正确的解读和引导处理，可能会让我们形成更多消极的思维，并因此而深陷其中深受其害。

下面我们一起来看两个真实的案例。

【案例 1】赵敏积极思维引领成功。赵敏是一家初创科技公司的市场专员，面对公司产品在市场上的低迷表现，她并没有沉浸在失望和自我怀疑中。相反，她采取了积极的思维方式，认为这是一个改进产品并更好地满足市场需求的机会。

（1）思维影响行为。赵敏组织了一系列的客户反馈会议和竞品分析工作坊，组织公司同事开放思维、群策群力，从相互交流碰撞中寻找灵感。这种积极探索的行为不仅激发了团队的创造力，也逐步明确了产品改进的方向。

（2）行为产生结果。几个月后，经过一系列的产品优化和市场策略调整，虽然也遇到了不少的困难，但在领导和同事们的支持下，公司的产品开始获得市场的认可，销量显著上升。赵敏和她的同事们因此赢得公司内外的广泛赞誉。

（3）结果反馈至思维。这次成功极大地增强了赵敏的自信心，她更加坚信积极的思维方式和面对挑战的态度是通向成功的关键。这种经验也让她在以后的工作中更加勇于尝试和创新。她也因此进入了一个良性的成长循环之中。

【案例2】王强消极思维导致循环失败。王强是一名资深软件工程师，在面对技术难题时，常常采取消极的思维方式。他认为自己的能力有限，无法解决眼前的问题，这种思维影响了他的行为选择。

（1）思维影响行为。王强在遇到难题时，往往选择回避，不愿意花费时间和精力去寻找解决方案，也不愿意向同事寻求帮助，担心这会暴露自己的不足。

（2）行为产生结果。这种消极的行为模式导致王强在工作中频繁遇到瓶颈，他的职业发展也因此受阻。与此同时，他因为无法有效解决问题而逐渐失去了团队的信任和尊重。

（3）结果反馈至思维。工作中的连续失败进一步加深了王强的自我怀疑和消极情绪，形成一个负面的循环。他越来越觉得自己不配做这份工作，这种消极的思维方式又在不断地影响着他的行为。王强由此进入了一个恶性循环中很难跳出和成长。

通过赵敏和王强这两个案例，我们可以清晰地看到，思维方式如何影响个人的行为和职业发展的轨迹。积极的思维方式能够激励我们面对挑战、寻找解决方案，最终带来成功和成长。而消极的思维方式则可能导致我们在职业道路上陷入负面循环，甚至导致失败。

由此可见，思维是一切行为的引线，但往往很多时候，我们并不会意识到思维对行为的影响，更不会刻意去觉察自己的思维方式，对于自身所有行为的发生，都认为是一种自然的表现。从而就很难找到根本原因，无法从根本上解决掉某些不好的行为习惯。因此，时刻觉察自己当下的思维方式非常重要。

二、自我觉察与调整

思考一下：我们当下的思维方式是一种什么样的状态？我们是否正在被当下的结果或环境所影响？是更加积极还是越发消极？

如果您正处于那种消极的思维方式下，建议您务必重视起来，跳出这种固有的消极思维方式，可以采用以下方法调整：

（1）适当地调整工作中的目标。将目标化大为小，先设定一个小目标，努力实现这个小目标，通过取得一些小的成绩，让自己内心享受到成就感，并可以举行一些公众的分享或仪式感的庆祝来让自己构建积极的思维方式。

（2）适当地改善所处环境和氛围。走出去，连接有能量的人或群体，让自己通过良好的人际关系和外力来建立积极的心态，从而促进思维方式的改善。

（3）找一项自己喜欢的运动。通过运动来提升身体的兴奋感，让自己从消极的状态中走出来。并寻找可靠的同伴一起，更容易相互支持撑过最难熬的阶段。

其实，上面提到的环境并不仅仅是我们通常所理解的物理环境，这也包括所处环境里的氛围、对自身角色定位的认知，以及当下所面对的人和事等。这些也都可以算是当时某种意义上的结果，都会对人的思维产生瞬间但可能重大的影响。所以，建立积极、正面的思维方式对每一个个体来说都有非常积极的意义。

正所谓积极思维的人像太阳，走到哪里哪里亮。

接下来，我们将以全新视角为您剖析个人角色定位与认知的内容，看看完全不同于以前认知的自己到底是什么样？又该是什么样？应构建什么样的思维方式？

第二节　角色定位与认知

一、“屁股”决定脑袋的惯性思维

我们经常会听到一种说法，这就是“屁股”决定脑袋。这句话的意思是指人的所思所想会受所处的位置（地位、职位、岗位等）影响。

1. 角色与思维的关系

“屁股”决定脑袋这句俗语，虽然听起来有些俏皮，却深刻地揭示了人的思维方式往往由他所处的位置和扮演的角色决定。这种思维的惯性在职场上尤为明显。经理和普通员工，由于他们的角色不同，所关注的焦点、思考的方向、处理问题的方式，甚至他们对于职业成功的定义也会截然不同。

然而，如果我们始终被当前的角色定位所限制，那么个人的成长和职业发展就会由此而受到限制。因此，挑战自己的角色定位和扩展自我认知的边界变得至关重要。

2. 打破思维惯性

要跳出这种固定的思维方式，一种有效的策略是通过假设和扮演不同的角色来重新定位自己的思维方式。这意味着，即使我们目前只是一名普通员工，也可以尝试从一个经理或领导者的角度来看待问题，以此来拓展视野，提升思维层次。

【案例】张伟是一名软件开发工程师，他曾经只关注于完成自己的编写代码任务，很少考虑团队的整体目标或项目的长远规划。但在一次偶然的机会中，他被要求代表技术团队参加产品规划会议。为了准备这次会议，张伟开始尝试从产品经理和市场团队的角度思考问题。这次经历极大地拓宽了他的视野，使他意识到自己的工作不仅仅是编写代码，更重要的是要理解客户需求和市场趋势，以及如何通过技术解决方案来满足这些需求。

这次经历后，张伟的工作态度和方式发生了显著变化。他开始主动与产品和市场团队沟通，提出了许多创新的技术解决方案，这些解决方案不仅提升了产品的质量，也极大地提升了市场团队的效率。张伟的转变为他赢得了更多的责任和提升的机会，最终他成了技术团队的负责人。

3. 扩展视角：从假设到实践

张伟的故事告诉我们，通过假设不同的角色，并尝试从这些角色的视角出发思考问题，我们可以打破自我设限，提升自己的思维层次和工作能力。这种方法不仅可以帮助我们在当前的职位上表现得更好，也会为我们未来的职业发展打下坚实的基础。

二、打破角色认知的惯性思维

打破角色认知的惯性思维，是推动个人职业发展、提升自我认知和实现职场突破的关键步骤。以下是一些实用的方法和策略，帮助您跳出现有的思维框架，拓展角色定位，以更广阔的视野面对职场挑战。

1. 自我反思和认知调整

（1）进行自我反思。定期评估自己的角色认知，思考是否有被固定的思维方式限制。经常问自己：“我是否仅因为习惯而停留在当前的角色？”“我真正想要成为的角色是什么？”

（2）调整认知框架。识别并挑战那些限制性的认知偏见，如我做不到或这不是我的工作。如果我尝试，可能会有什么不同的结果？如果是某某某，他会怎么处理这件事情？来重新构建您的思维体系。

2. 角色扩展和模拟

（1）模拟期望角色。假设自己已经处于期望的职业角色中，思考和行动就像您已经是那个角色一样。这种假设的策略有助于您逐渐习惯新的角色定位。

（2）扩展角色边界。您可以主动承担额外的职责，尤其是那些能够接近或理解期望角色的任务。这样做可以帮助您积累相关经验，同时向他人展示您的潜力和多样性，更可以近距离地请教和学习。

3. 寻求反馈和指导

（1）主动寻求反馈。向领导、同事或行业内的导师寻求关于您当前角色的表现和如何扩展角色的建议。外部视角可以帮助您发现自己可能忽视的盲点。同时，向外寻求反馈也相当于公开承诺一样，会给自己带来一种无形的外部推力。

（2）寻找职业导师。找到一个在您希望发展的领域或角色中已经取得成功的导师，不定期地向他反馈和请教。他的经验和指导可以帮助您更快地适应和成长。

4. 持续学习和成长

（1）专业知识和技能提升。不断学习新的知识和技能，特别是那些对您期望角色至关重要的知识和技能。在线的主题性培训、线下共创研讨交流会和相关书籍都是很好的学习资源。

（2）跨界学习。不要局限于自己当前的专业领域。跨界学习可以帮助您建立更全面的知识结构，打开认知并促进创新思维。

5. 建立积极的人际网络

（1）拓展职业网络。与您期望角色相关的人建立联系，可以是同行，也可以是来自不同领域的专业人士，敢于去链接外部资源，这不仅能够为您提供新的视角，还能为将来的角色转换提供可能的机会。

（2）参与行业活动。参与行业会议、研讨会和其他职业活动，增加与行业领袖的互动机会，了解最新的行业趋势和技能需求。

在职场上，我们每个人都可以是自己命运的塑造者。通过跳出自己角色定位的限制，主动拓展自我认知的边界，可以更有效地应对职场挑战，抓住成长和发展的机遇。当然，打破角色认知的惯性思维，需要时间和持续的努力。通过上述策略的实施，我们将能够逐渐突破现有的角色界限，拓展职业视野，实现个人成长和职业发展的新高度。在这个过程中，保持开放的心态和积极的态度至关重要。

三、运用四维模型突破

下面以我亲身经历为例，讲述如何运用思维模型突破。我以前是从事销售和销售管理工作的，当时自己非常羡慕那些职业讲师。他们知识体系丰富，分析问题有深度，经常到处出差为企业赋能，深受企业和学员的尊重。所以，从那时候起我就期望未来有一天，我也能成为像他们那样的讲师。我开始刻意运用个体突破的四维模型，如图 1-2 所示，并模仿一些自己特别喜欢的讲师和主持人。

1. 主动学习：构建知识体系

当我开始羡慕那些职业讲师时，我的内心已经种下了转变的种子。羡慕转化成了行动的动力，驱使我开始了主动学习的旅程。在这个阶段，构建一个系统化的知识体系对我至关重要。这不仅包括了解和掌握我所在领域的核心知识，还包括跨界探索，拓宽职业讲师知识的边界。通过阅读书籍、参加线上课程、听专家授课和刻

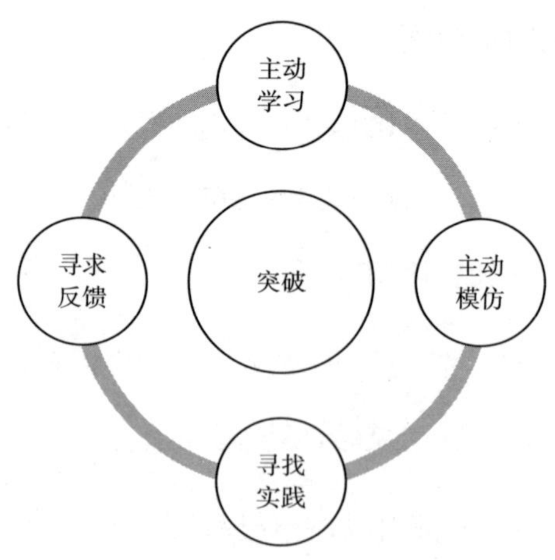

图 1-2　个体突破的四维模型

意训练自己，我逐渐积累了丰富的知识和见解，这是成为一名优秀讲师的基础。

2. 主动模仿：学习方法和风格

模仿是学习过程中的一个重要环节。通过观察和模仿我所尊敬的职业讲师，我不仅学习到了他们的知识，更重要的是，我学习到了他们分析问题和传播知识的方法。每一位成功的讲师都有自己独特的风格，如吸引人的演讲技巧、与学员互动的方式、深入浅出的讲解方法等。通过模仿，我开始运用这些技巧，在不断尝试和调整中，找到了最适合自己的风格。

3. 寻找实践：从模仿到创新

随着知识的积累和技巧的提升，我开始在各种场合展示自己的技能。一开始可能是在小范围的工作坊或内部培训中分享我的课程，然后逐渐扩展到更大的舞台。特别是在遇到困难时，我会尝试站在所模仿人的角度来思考：如果是他，会怎么做呢？在这个过程中，我不仅仅停留在模仿阶段，而是开始根据自己的经验和理解，创新内容和方法。这种从模仿到创新的转变是职业成长的关键，它使我从一个初学者变成了行业内的行家里手。

4. 寻求反馈：不断调整和完善

在成为职业讲师的过程中，积极寻求并利用反馈是不断进步的重要方式。无论是来自学员的直接反馈，还是来自同行或合作机构的建议，都是宝贵的资源。通过反馈，我可以了解到自己的优势和需要改进的地方，从而不断调整和完善自己的教学内容和教学方法。

经过不断地循环上述过程，我也终于成为一名职业讲师。

勇敢地假设和扮演那些我们梦想中的角色，用开阔的视野和积极的行动，可以更快更好地开创属于自己的职业未来。接下来，看看我们所扮演的不同凡响的角色。

第三节　假设您是个人股份公司的老板

您是否这样思考过：您是一家股份公司的老板，您正经营着一家只属于您的公司，您需要具备怎样的思维认知？

很多人可能在想，现在经济环境不好，企业竞争如此之大，我还是不要做老板的好。不然压力太大了，都不知道怎么去经营好这家公司了。

一、我们每个人都正经营着一家公司

如果我们每个人都正经营着世界上独一无二的公司。这家公司的名字就是您的姓名再加上股份公司。您若有这样的假设，是不是您的格局和思维就不一样了呢?

将自己的姓名假设成一家公司，而您自己是这家公司的老板，这个比喻不仅是关于自我提升的一种思维方式，更是一种全面管理和提升个人价值的策略。在这家公司中，您既是董事长，也是员工。这家公司的产品就是您这个人，所有的知识和

技能都是这个产品的属性特征。您的客户是您的雇主和同事，您的市场是您职业生涯每一个选择和机遇。这种假设，可以促进我们思维认知的转变。

姓名股份公司结构图，如图 1-3 所示。

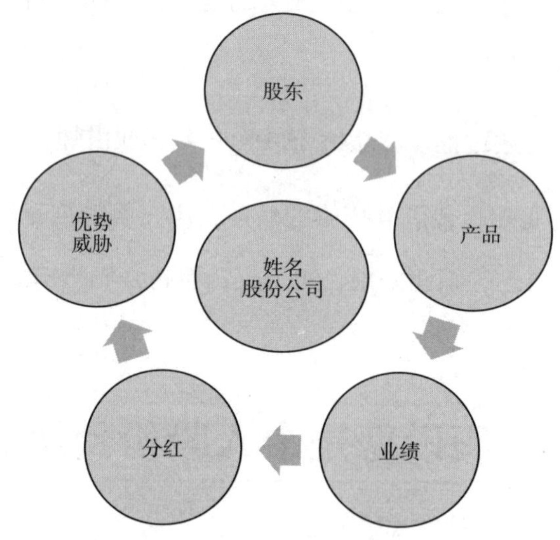

图 1-3　姓名股份公司结构图

二、这家公司的股东是谁

您的姓名股份公司有两位原始股东，那就是您的父母。他们共同成立了这家公司，并为这个子公司取了一个名字，也就是您的姓名。他们在这家公司持续投资了很多年，所投资的股本包含但不限于资金、情感、保护等。

1. 初创期：原始股东的投资

在您的姓名股份公司成立之初，父母作为原始股东，他们的投资远远超过了物质层面的资金，还有关怀、教育、支持和无尽的爱，这些是无法用金钱衡量的宝贵资源。从公司的第一步、第一句话，乃至于学校教育和生活技能的学习，这些初期的投资为公司的成长奠定了基础。

2. 成长期：资本的多元化

随着公司的成长，公司开始接受更多形式的投资。这包括来自亲戚、朋友、导师，甚至社会环境的知识、经验和价值观的投资。每一份投资都在塑造公司的发展方向和未来潜力，同时也使得公司的股本（您的能力、知识和人格）变得更加多元和丰富。

3. 扩张期：自我投资与内在增值

您作为公司的老板，当您开始独立工作的时候，意味着您从原始股东手中过了这家公司的自主管理权。您开始拥有更多关于如何投资自己的决策权。这一阶段的关键在于识别和利用自我增值的机会，如通过教育、职业经历、人际网络建设等途径来增强自身价值。自我投资不仅限于职业技能的提升，也包括心理健康、身体健康和个人兴趣的培养，这些都是公司长期增长的重要资本。

4. 成熟期：股东回馈与社会责任

随着公司逐渐成熟，即个人逐渐达到职业和人生的高峰期，您开始思考如何将自己的成功转化为对社会的贡献和对原始股东的分红回报。这时，回馈成为公司运营的重要部分。无论是通过教育后辈、参与公益活动，还是通过自己的专业知识服务社会，都是公司履行社会责任、回报原始股东、实现价值最大化的方式。

当然，公司最重要的股东就是您本人，公司是您的全部身家。公司经营得怎么样，全都由您说了算。特别是从成长期过渡到扩张期时，您逐步从原始股东手中接管公司的自主经营权。这是最考验您这个老板的经营能力的。

姓名股份公司经营变化趋势图，如图 1-4 所示。

从图中可以看到，这里面有两大关键变量。第一个关键变量是初创期、成长期时原始股东对这个公司的经营能力和影响力。第二个关键变量就是扩张期、成熟期时您作为 CEO 的自我经营能力，而您的自我经营能力则决定着该公司的发展方向。

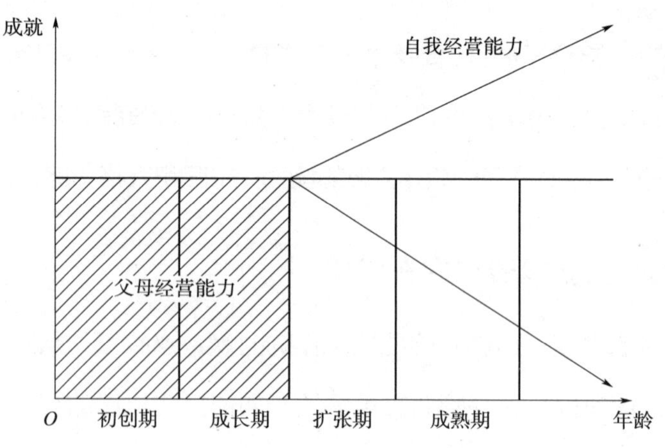

图 1-4　姓名股份公司经营变化趋势图

三、这家公司的产品是什么

姓名股份公司的产品，有且只有一个，就是您自己这个人。在这家公司中，您不仅是老板，也是唯一的产品，一个独一无二、多面复杂且不断进化的产品。您的技能、知识、经验、价值观，乃至您的个性和梦想，共同构成了这个产品的特性和价值。管理和优化这个产品，即自我提升和个人成长，是确保公司成功的关键。

1. 产品特性

（1）独一无二性。在市场上，没有任何产品能够完全复制您的组合，即您的背景、经历、能力和潜力使您独一无二。

（2）可塑性。与传统产品不同，您这个产品具有高度的可塑性。通过学习和经验积累可以不断扩展和深化您的知识和技能库。

（3）多功能性。您这个产品能够适应和满足多样化的需求。从解决复杂问题到创新思维，从团队合作到领导能力，您这个产品的功能和应用场景不断扩展。

2. 产品优化

（1）持续学习。不断更新您的知识和技能，就像为产品添加新功能和改进旧功能一样。无论是通过正规教育、在线课程还是实际工作经验，学习都是增加产品价值的核心活动。打造这个产品不可替代的核心竞争力，为消费这个产品的客户创造独特的价值。

（2）品牌建设。塑造并传播您的个人品牌，提升市场对您这个产品的认知和评价。这包括专业形象、社交媒体活动和公共演讲等。

（3）关系管理。扩展您的人际网络，就像拓展市场渠道一样。良好的人际关系能为您带来更多机会和资源。

（4）健康管理。保持良好的身心健康，确保产品的持久性和稳定性。健康管理是保障长期发展的基础。

3. 市场定位

（1）职业路径。您的职业发展路径，即产品的市场定位。根据您的兴趣、技能和市场需求，确定您希望在哪个领域或行业内提供价值。

（2）价值提案。明确为雇主或客户带来的独特价值。这是检验您的专业技能、创新能力、解决问题的能力，或者是带领团队取得成果的能力。

（3）持续反馈和调整。通过工作表现和市场反馈评估您的产品表现，及时调整您的发展方向和提升策略。

作为这家公司的唯一产品，您拥有无限的发展潜力。通过精准的市场定位和不断地自我优化，您可以提升自己的价值，实现职业目标，成就满意的生活。记住，作为产品经理，您需要对产品（也就是自己）负责，确保其不断成长和进化。在这个过程中，您将发现自己不仅是在经营一家公司，更是在塑造一件伟大的作品。

四、这家公司的业绩和利润源于哪里

既然是公司，那当然就会有业绩和利润考量。比如，当下的业绩具体是指什么？主要来源于哪里？年度是否有业绩指标？利润的完成情况如何？

在自己姓名的股份公司中，业绩和利润的概念被重新定义，它们不仅仅关乎公司的财务收入，还涵盖了个人成长、职业发展、社会贡献等多个维度。下面让我们详细探讨这些业绩来源及利润的完成情况。

1. 业绩来源

（1）职业成就。这是最直接的业绩来源。无论是晋升、成功完成关键项目、获得职业奖项，还是实现职业目标，这些都是业绩的体现。年度业绩指标可能包括具体的职位晋升目标、特定项目的完成、专业技能的提升等。

（2）财务收入。显然，作为一家公司，财务收入是业绩的重要组成部分。这不仅包括基本工资、奖金，也包括任何额外的收入来源，如兼职、咨询、投资回报等。年度经营指标则是达到或超过特定的收入水平。

（3）个人成长。个人的知识、技能和能力的增长也是重要的业绩来源。这可以通过完成专业课程、获得新的资格证书、掌握新技能等来衡量。年度指标可能包括完成特定的学习计划或达到新的学习里程碑。

（4）社会贡献。个人对社会的贡献，如志愿服务、公益活动参与、知识分享等，也是业绩的一部分。这些活动不仅丰富了个人的生活经验，也提升了个人在社会中的价值。年度指标可能是参与特定数量的社会贡献项目。

2. 利润完成情况

（1）满意度与成就感。公司的利润不完全体现在物质收益上，更多的是内心的满足感和成就感。如果您在过去的一年里成功达到或超过了自己设定的目标，那么可以说利润完成情况良好。

（2）生活质量的提升。利润的另一个重要指标是生活质量的提高，包括工作与生活的平衡、身心健康状态、人际关系的质量等。如果这些方面有所进步，说明公司的经营状况良好。

（3）长期目标的实现。从长期来看，利润的完成情况还应考虑是否向个人的长期职业和生活目标迈进了一步。这可能是职业上的一个重要转折点，或者是个人发展的一个关键突破。

3. 谁是您的大客户

当然，谈到业绩来源，就肯定离不开客户这一重要对象。在当下，谁是您最多业绩来源的重要客户呢？这是一个值得老板们思考的重要问题。谁是最重要的大客户？如何处理好与大客户的关系？如何服务好最重要的大客户？

在个人股份公司这一概念中，业绩和利润考量远超传统意义上的财务指标，它们反映了个人在多方面的成长和成功。因此，定期评估自己在这些领域的进展，可以帮助我们更好地理解公司经营状况，调整和优化经营策略，以实现更加丰富和多元的利润。

在这个过程中，重要的是保持对自我提升的持续投资和对生活全方位的积极参与，这样才能确保公司的长期成功和持续增长。

五、这家公司的优势和威胁有哪些

在姓名股份公司的经营中，正如在任何真实的企业中一样，识别和利用自身的优势，以及应对潜在的威胁是至关重要的。

1. 优势

（1）独一无二的产品。姓名股份公司最大的优势是您公司的产品，即您自己，这是独一无二的。您的个性、经验、知识和技能构成了您无可替代的价值。

（2）灵活性与适应性。您能够比大型企业更快地适应变化，学习新技能，调整职业路径，这使得您在快速变化的市场环境中拥有竞争优势。

（3）创新能力。姓名股份公司的规模意味着更少的行政和制度束缚，使得创新和实验成为驱动力。您可以快速尝试新的构想和方法，发现未被满足的市场需求。

（4）个人品牌。通过建立和维护个人品牌，您可以在行业领域内树立自己的名声，吸引更多的机会和资源。

2. 威胁

（1）技能过时。在技术快速发展的今天，技能迅速过时是一个重大威胁。如果您不能持续学习和更新知识，很容易被市场淘汰。

（2）健康问题。您的身体和心理健康是姓名股份公司运营的基础。健康问题不仅会直接影响到工作效率，还可能长期影响职业发展。

（3）市场变化。行业趋势和市场需求的变化可能导致您的技能和经验不再受欢迎。快速适应并预测市场变化是一个持续的挑战。

（4）竞争压力。无论是同行业的竞争者，还是新兴的技术和业务模式，都可能对您的职业发展构成威胁。保持竞争力需要不断地自我提升和创新。

3. 策略

（1）持续学习。为了应对技能过时的威胁，您需要不断地进行职业技能的更新和扩展。这包括参加培训、自学新知识和掌握新工具等。

（2）关注健康。定期体检、健康的生活方式和良好的心理调适机制是保证公司稳定运营的基础。

（3）市场调研。通过持续的市场调研和行业分析，了解最新的趋势和技术，预测并适应市场的变化，如现在火热的AI（人工智能）技术等。

（4）品牌维护。通过社交媒体、专业论坛、博客、短视频等渠道，不断维护和提升个人品牌的影响力，扩大职业机会。

通过清晰地认识和利用自身的优势，同时有效应对面临的威胁，姓名股份公司就能够在职业生涯的竞争中保持领先地位，实现持续的成长和发展。

六、这家公司经营的是什么

作为姓名股份公司的老板，要懂得您经营的是什么？

1. 自我价值的认识

作为姓名股份公司的老板，首先需要清楚自己的核心资产和价值所在。在个人股份公司中，这意味着认识到自己独特的技能、知识、经验和潜力。自我价值的认识是企业运营的基础，也是个人成长的起点。

2. 持续投资自我

任何成功的公司都需要不断地投资来维持增长和竞争力。对于姓名股份公司而言，这种投资包括教育、技能培训、健康和人际网络的扩展。持续投资自我，不仅可以提升个人的能力和效率，还能开拓新的职业机会。

3. 风险管理与创新

姓名股份公司经营中的一个关键方面是风险管理。需要学会评估职业发展中的风险和机遇，制定相应的应对策略。同时，创新是推动公司发展的核心动力，应鼓励自己跳出舒适区，尝试新的方法和路径，以实现职业生涯的突破和成长。

4. 品牌建设与营销

姓名股份公司的品牌形象对于其成功至关重要。同样，个人品牌的建设也是公司成功的关键。这包括了个人在社交媒体上的形象、公共演讲技巧、专业知识的分享等。通过有效的个人品牌营销，可以提升个人在行业内的知名度和影响力，从而获得更多的机会。

5. 客户满意度

在商业领域，客户满意度是衡量姓名股份公司表现的重要指标。在个人股份公司中，这意味着建立并维护良好的职场关系，满足甚至超越工作中的期望和要求。通过提高内外部客户满意度，可以为职业发展打开更多的门。

总之，将自己视作个人股份公司的老板，意味着采取主动、负责任的态度来管理和提升个人职业生涯。这不仅需要深刻的自我认知，还需要不断地学习、创新和努力。在这个过程中，我们每个人都可以通过持续地提升自我价值，来实现职业生涯的成功和满足。

不管外界经济环境如何变化，请记住，有且只有您拥有管理和转变姓名股份公司命运的能力。请相信，认清角色、摆正位置、调整好状态、规划好路径，通过持续的努力和智慧的经营，每个人都能在职场中创造出属于自己的成功故事。

第四节　假设您是岗位股份制公司的老板

不知您有没有发现，您所经营的姓名股份公司，不是一个独行侠。它会不断地和别的个体或组织合作。

一、组建家庭股份制公司

组建家庭股份制公司可以被视为与另一家个人股份公司进行长期的战略合作。这种合作不仅基于情感的联系，更涉及资源的共享、目标的协调，以及未来规划的共同制定。这是一个没有明确股权、分红比例、投资额的特殊股份公司。大家因为情感而合作，全凭情感在经营。

在这个过程中，您的家庭股份制公司会遇到以下挑战和机遇：

（1）资源共享。家庭成员之间需要共享财务资源、时间、情感支持等，这对个人的资源管理能力提出了更高要求。

（2）目标协调。需要与家庭成员共同设定和调整家庭愿景和目标，这些目标可能包括住房、教育、休闲等方面，需要与个人职业目标相协调。

（3）相互支持。家庭成员之间提供的支持可以是家庭股份制公司最坚实的后盾，无论是职业发展的鼓励、育儿的协助，还是面对挑战时的心理支持。

（4）创建并培育子公司。对于下一代的培养和教育也是家庭股份制。

股份公司的重要内容。如何培养出优秀的下一代，需要共同倾注更多的心血。既要有分工，也要有合作；既能够相互支持，也能够相互体谅。其中，言传身教是最重要的教育方法。

共同经营好“家庭股份制公司”，确实是一门艺术，也是每个人一生中最重要的业务之一，需要从以下五个方面着手：

1. 共同设定家庭愿景和目标

（1）建立共同愿景。所有合伙人（夫妻双方）应共同参与设定一个家庭愿景，明确家庭的长远目标和价值观，如希望营造一个怎样的家庭环境，有哪些共同的生活目标等。

（2）设定具体目标。基于愿景和目标设定短期和长期的具体目标，包括财务规划、教育计划、职业发展等，并定期回顾和调整以适应家庭需求的变化。

2. 沟通和解决冲突

（1）开放沟通。建立一个鼓励开放沟通的家庭文化，确保夫妻双方都能自由表达自己的观点和感受。

（2）有效解决冲突。学会使用积极的沟通方式方法和冲突应对策略，如倾听、同理心、非暴力沟通等，以和谐的方式解决家庭中的矛盾和冲突。

3. 资源分配与管理

（1）财务规划。共同制订家庭财务规划，包括预算管理、储蓄投资，以及未来的财务目标等，确保家庭经济的稳定和成长。

（2）时间管理。平衡工作和家庭生活，确保与家人共度的质量时间，如共同的家庭活动、假日计划等。

4. 个人成长与支持

（1）支持个人发展。鼓励并支持家庭成员追求个人兴趣和职业发展目标，通过提供资源、时间和情感支持，帮助家人实现个人目标。

（2）共同学习。作为一个团队，家庭成员可以一起学习新的知识和技能，如参加家庭厨艺课程、茶艺学习等，这不仅能增强家庭的凝聚力，还能促进个人成长。

5. 维护好家庭关系

（1）保持仪式感的庆祝。定期举行家庭聚会，平等讨论家庭事务、分享个人感受和计划，增强夫妻之间的理解和联系。

（2）共同创造美好回忆。通过家庭旅行、节日庆祝等活动，共同创造美好的家庭回忆，增强家庭幸福感和归属感。

共同经营好家庭股份制公司，需要每个家庭成员的共同努力和贡献。通过共同设定目标、开放沟通、合理分配资源、互相支持和维护良好的家庭关系，家庭就能成为每个成员成长道路上坚实的后盾和温馨的港湾。

二、岗位股份制公司

上面讲述的是与另一家个人股份公司合作组建家庭股份制公司。其实，我们在经营个人股份公司时，也会与组织、机构合作。比如，我们会受聘于某家企业或机构，从事某项具体工作。同样，我们也可以做个假设，假设您的工作岗位就是一家股份制公司。那我们一起来深入地剖析这家股份制公司的股东、产品、业绩、分红、优势和威胁等。

假设您在某公司担任会计岗位一职。那么假设会计这个岗位就是一家股份制公司。

1. 这家公司的股东和老板是谁

会计岗位股份制公司的股东应该包含两方：一方是以您工作的公司为代表的投资方；另一方是以您自己为代表的投资方。会计岗位股份制公司是该公司与不同的个体合股众多岗位制股份公司的其中一个。这家公司交由您来经营管理。也就是说，这家公司完全交给您在经营管理，您是这家会计岗位股份制公司的老板。

会计岗位股份制公司模型，如图 1-5 所示。

公司在这家会计岗位制股份公司中投入了什么？如资金、平台、资源、团队等，这一切都与货币相关。所以，统称为货币资本。

自己在这家会计岗位制股份公司中投入了什么？如时间、精力、知识、技能等，这一切都与人力相关。所以，统称为人力资本。

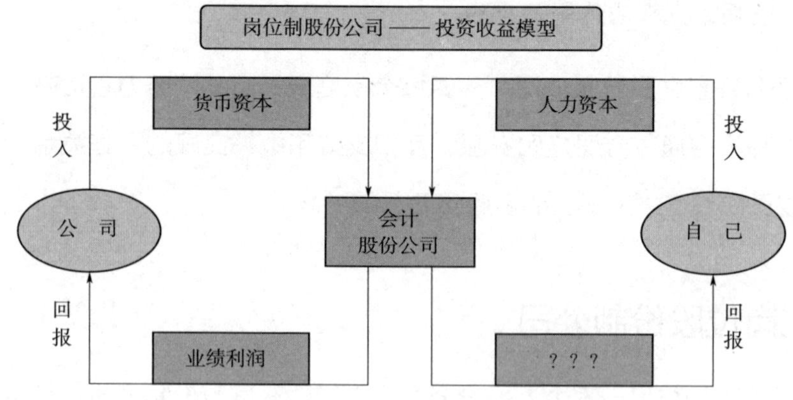

图 1-5　会计岗位股份制公司模型图

2. 这家公司经营的产品是什么

当然是会计岗位的职责和工作结果。具体来说，包括但不限于：

（1）准确高效地处理公司的财务报表和账目。

（2）为管理层提供财务分析和预测，帮助其做出更好的决策。

（3）确保公司财务活动的合规性，减少财务风险。

（4）通过优化财务流程和成本控制，提升公司的财务健康度。

这些职责和工作成果在组织中解决了财务管理的问题，创造了公司需要的价值，这个价值的大小直接影响到您在组织中的地位和回报。同时，作为会计岗位股份制公司的老板，您不能只看眼前，还要着眼未来。您需要思考清楚一个问题，这家公司若要做大、做强，还需要增强哪些方面的能力和资源？这需要在平时经营过程中，有明确的目标、清晰的计划、高效地执行和持续地提升。

3. 这家公司的业绩从何而来

您是这家岗位股份公司的老板，需要对这家公司的业绩负责。您的职责是确保公司业绩的稳步增长，为所有股东带来他们所期望的回报。您要分析公司的关键业务是什么？业绩的来源主要是基于：

（1）工作效率。通过提高工作效率，减少错误和延误，提升业绩。

（2）创新与改进。通过在工作中寻找创新和改进的机会，如引入新的财务软件或优化流程，增加业绩。

（3）团队合作。与其他部门和同事良好合作，共同推动公司目标的实现，也是业绩的重要来源。

（4）专业成长。持续地学习和专业成长，提高自身的专业能力，从而能够承担更多的责任，创造更大的价值。

业绩其实就是投资方对您在这个岗位上工作内容和结果的评价。评价越高，所获得的绩效就会越好。

4. 这家公司的分红是什么

会计岗位制股份制公司的分红总体可以分为有形的分红和无形的分红两大项。

对货币资本股东，也就是公司而言，所获得的分红形式如下：

（1）有形的分红。这个岗位所解决的实际问题，所创造的工作效益价值。

（2）无形的分红。工作知识的沉淀、岗位人才的培养、工作流程的梳理等所带来的效率改善。

对人力资本股东，也就是自己而言，所获得的分红形式如下：

（1）有形的分红。工资、奖金、提成等各种有形的福利待遇。

（2）无形的分红。知识的学习、经验更加丰富、技能的提升、资源的积累等。

我们会发现，在职场中，往往您个人获得无形分红的质量和数量会决定您未来有形分红的多与少。举个通俗的例子，无形的分红我们一般是存放在脑袋中，而有形的分红则是存放在口袋中，所以通常是“脑袋”决定“口袋”。

5. 这家公司的优势和威胁是什么

在经营这家会计岗位股份制公司的过程中，您作为老板要时刻保持经营意识，觉察公司的业绩是否达成，以及能否取得更好的业绩。经常盘点公司的能力优势与资源，如果不够则需要寻找提升优势的路径和方法。同时，还需要正视公司所面临的威胁并解决掉。比如，出现技能过时、知识落后、外部竞争等各种情况时就需要：

（1）动态复盘。可以定期复盘岗位工作完成的情况，可以同比或是环比，也可以与同类岗位进行对比。分析原因，总结规律和经验。

（2）更新迭代。外部竞争加剧，企业对员工的要求也会越来越高，所以作为岗位的第一责任人，要保持危机意识，不断更新底层的思维系统和操作能力。

（3）寻求反馈。可以主动向上级领导或职业导师进行反馈，寻求外部的建议和指导。这样更容易由内而外地打破惯性思维，跳出舒适圈。

6. 这家公司该如何做大、做强

将这家会计岗位股份制公司做大、做强，说得通俗一点说，就是升职加薪。升职就是从会计岗位升职到主管或是经理职务。这需要一分为二来看：首先，您在经营本岗位上能为投资股东创造量多质优的价值分红。同时，自己也获得了足够多有形和无形的分红。特别是无形分红让您变得更加优秀，更善于解决问题，让您的人力资本不断增值。其次，与您合股的投资股东是否认可您的人力资本，以及您的人力资本是否能够打动投资股东，让他们愿意投资更多的货币资本来匹配您的人力资本。最后，只要您的人力资本足够好，投资方没有不追加投资的理由。

总之，要想让您当下的会计岗位股份制公司能做大、做强，核心在于您要擅长为公司创造更多价值，获取更多无形分红，提升您的人力资本。

三、综合分析

通过对上述假设的深度剖析，我们看到了自己不同角色的定位。有独立经营的姓名股份公司，也有合股共同经营的组建“家庭”，即合股但自主经营的会计岗位股份制公司。这两家假设的个人股份公司在您人生中，其实都不是独立存在的，他们之间的关系非比寻常。

1. 相互促进

（1）个人成长与家庭支持。作为独立经营的个人股份公司，个人的成长和发展可以带来更好的家庭条件和生活质量，而稳定幸福的家庭环境又为个人提供了情感支持和动力，使个人在职场上更加自信和专注。

（2）职业发展与个人能力提升。个人在职业岗位上的成功，不仅增强了个人的市场价值，同时所获得的技能和经验也会促进个人股份公司的增值，提高了个人在各方面的竞争力。

（3）家庭与职业的互补。家庭生活中的责任感和合作精神能够在职场中转化为对团队的贡献，而职场上学到的管理和沟通技能也可以应用于家庭关系和家庭经济的管理。

2. 相互制约

（1）时间和精力的分配。人的时间和精力是有限的，家庭责任可能会限制个人职业发展的时间和精力；反之，过度投入职业也可能影响家庭生活的质量。

（2）职业选择与家庭需求。职业决策，如换工作、出差或迁移，需要考虑家庭的意见和需求，家庭的需求可能会制约个人职业决策的自由度。

（3）风险承担的限制。作为家庭的一分子，个人可能无法承担过高的职业风险，如创业或投资，因为这会影响到家庭的经济安全。

3. 共同依赖

（1）决策能力。无论是个人生涯发展、家庭关系维护，还是职业规划，都深深依赖于个体的决策能力。能否在关键时刻做出明智的选择，往往决定了上述三家公司的发展方向和最终成果。

（2）时间管理与优先级设置。有效的时间管理和明确的优先级设置能力是个体经营这三者的关键。如何在家庭、职业及个人发展之间分配有限的时间和精力，需要高度的自我管理能力。

（3）自我成长与学习。个人的持续成长和学习是支撑上述三家公司共同依赖的根基。不断提升的专业技能和人文素养不仅能推动职业发展，也能为家庭带来更多的幸福感，同时实现个人价值的提升。

（4）情绪调节与压力管理。个人的情绪调节和压力管理能力对维护家庭和谐、保持职业稳定，以及个人心理健康都至关重要。良好的心理状态是确保上述三家公司平衡发展的前提。

（5）沟通与人际关系。无论是在家庭内部，职场中，还是个人社交圈，有效的沟通能力和健康的人际关系都是成功的关键。这不仅影响到个体的社会网络建设，也是实现个人目标的重要途径。

上述三家公司相互之间需要找到平衡，共同发展的核心在于个体自身的经营能力。这包括决策制定、时间管理、自我成长、情绪调节，以及沟通技巧等多方面能力的综合运用。因此，不断提升这些能力是确保个人股份公司、组建“家庭”，以及岗位合股制公司健康、持续、和谐发展的关键。在这个过程中，个体不仅是这些公司的经营者，更是桥梁和纽带，其经营能力的强弱直接影响到整个生态的稳定与发展。

基于前文内容的铺垫，我们可以深入到下一个话题。

第五节　我们到底为谁工作

前面我们分析了个体在社会，以及在职场中的角色定位，从中可以发现，无论个体是何种角色，其中最核心的是自己。不管是姓名股份公司，还是组建家庭股份制公司，又或是会计岗位股份制公司，都是因为有了自己，所有这一切才有意义。也就是说，我们做的所有的工作，最终的回报都与自己有关。虽然，我们同时也在为家庭付出，为公司创造价值，但无一例外最重要的回报都会与自己有关。

我们是打工人，却是为自己打工，为自己的岗位打工；我们又不是打工人，因为我们投入了自己的人力资本作为股本，参与了公司的经营和分红。我们就是自己的老板，是岗位的主人。

让我们重新定义这句话："为自己而战，做自己的主人。"

本章小结

在本章中，我们深入分析了"我是谁"，这个问题看似简单，却包含了无数可能。我是我选择的职业，我是日复一日地工作，我是在职场中扮演的角色，我是在家庭和社会中的地位。更重要的，我是我的思维和信念，我是对生活的态度和对未来的美好憧憬。

1. 通过思维—行为—结果模型，让我们看到惯性思维带来的影响。

2. 每个人都经营着一家独一无二的公司，您就是这家公司的老板。公司有原始股东，经营着一个独一无二的产品，需要打造一个靠谱的品牌，所有的一切都由您说了算。所以您盘点一下这家公司的经营状况，是否满意？

3. 您会与有缘的个体合股，共同经营一家没有明确股权结构、投资比例、回报分红比例的家庭股份制公司。“家庭”是否和谐，合作双方的投入都非常重要。

4. 您会与组织机构合股，成立一家会计岗位股份制公司，这家公司由您负责经营。这家公司要做大、做强，您需要不断地创造价值，提升自己的人力资本。

5. 人最终或许都是为自己而战：为自己的人力资本增值，为自己的个人股份公司越来越好，为给原始股东回报，为实现心中的理想。所以，确定目标，看清自己，提升综合经营实力是重中之重。

第二章　洞见自己

在经过第一章对个体角色定位的剖析后，即我是谁？我们将步入第二章洞察自己的探索之旅，即我有什么？本章我们将通过一系列案例和剖析，探讨自我价值的本质，解锁个体潜力的秘密，揭示平凡人如何通过自我洞察，找到成功逆袭的路径。

正如一位成功的企业家所言：“了解自己的优势和弱点比任何业务策略都重要”。在职场这个充满竞争的舞台上，每个人都是自己命运的主宰者。但要掌握这份命运，需要对自己有一个深刻了解。这不仅是对我们的技能和能力，更是对我们的内在驱动力和个性。我们将通过以下几个重点话题，探索如何实现自我价值的最大化。

（1）赚钱先值钱。如何通过识别和发展核心能力，将个人技能产品化，并最终实现规模化，从而从平凡中脱颖而出。

（2）探索自我。如何将自己的天赋和性格转化为职场上的优势。

（3）注意力。如何管理自己的注意力，使其集中在能够为自己带来最大价值的领域。

（4）寻找标杆。如何通过寻找和学习行业标杆，构建一张个人成长图，为自己的职业发展提供清晰的路线图和方法论。

第一节　平凡人逆袭三部曲

在探索人类行为和动机的众多理论中，马斯洛的五级需求层次理论（图 2-1），为我们提供了深刻的洞见和开阔的视野。它揭示了人们从基本生理需求到自我实现的愿望，以及内心深处的驱动力。在人的精神需求和物质需求构建的阶梯中，追求财富往往被看作是满足基本需求、安全需求乃至尊重需求的手段。然而，对于大多数人来说，尤其是像我们这样的平凡人，财富的积累既是迫切的需求，更是难以攀登的高峰。

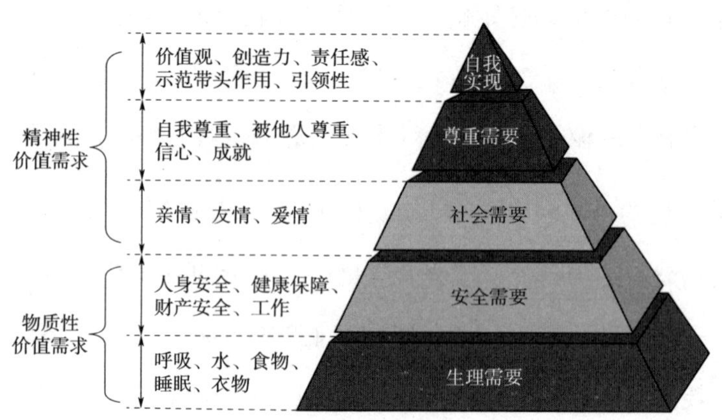

图 2-1　马斯洛五级需求层次理论

在这个快速变化的时代，科技的进步尤其是人工智能和互联网技术的广泛应用，不仅重塑了人们工作的方式，也重塑了人们财富创造的途径。这个时代，既充满了机遇，也充满了挑战。对于大多数平凡的人来说，要在这个充满竞争、充斥着人工智能和互联网技术的世界中获得更多的财富，就需要找到一条适合自己的路径。埃里克·乔根森所著的《纳瓦尔宝典》中有这样一个观点："将个人的专长（核心能力）产品化、规模化"。如图 2-2 所示。

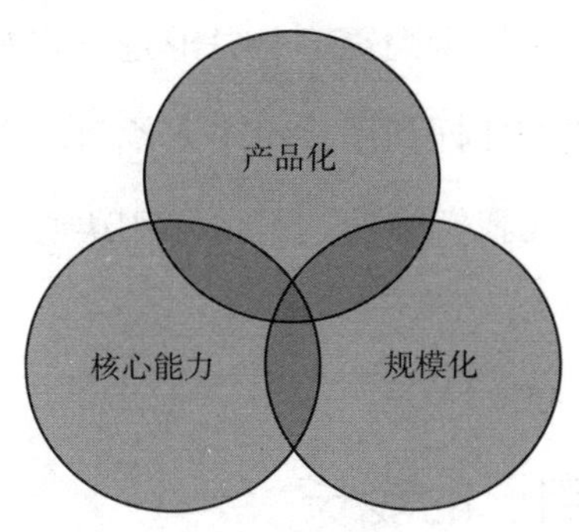

图 2-2　个人的核心能力产品化、规模化模型

首先，我们需要认识到，在追求财富的过程中，了解自己是首要任务。每个人都有独特的能力和潜力，但往往这些个人特质在日常的忙碌中被忽视。我们需要花时间去挖掘自己的内在资源，理解自己真正擅长什么，热衷于什么。只有通过深刻的自我认知，我们才能找到最适合自己的财富增长路径。

其次，将个人核心能力产品化是走向成功的关键步骤。在这个过程中，我们的技能、知识和经验不再仅仅是自我实现的工具，而是可以转化为市场上需求的产品和服务。这需要我们不仅要深耕专业技能，还要学会如何将这些能力包装和营销。在互联网时代，这意味着我们需要善用数字工具和平台，将我们的“产品”呈献给全世界。

最后，利用杠杆规模化是财富积累过程中不可或缺的一环。这里的杠杆不仅仅是金融意义上的借贷，更广泛的包括技术、网络、团队等资源的利用。通过有效地利用这些资源，我们可以将个人能力的影响力和盈利能力放大，让更多客户能够消费我们的产品，从而实现财富的快速增长。

这个时代为我们提供了前所未有的机遇，也提出了更高的要求。要想在激烈的竞争中脱颖而出，仅仅依靠勤奋和努力是不够的。我们需要更加智慧地规划自己的职业生涯，更加精准地定位自己的能力和市场需求的交汇点。同时，我们也需要善于利用时代赋予我们的工具和平台，让自己的能力和价值得到更广泛的认可和回报。

总之，对于平凡人来说，实现财富增长并非遥不可及。通过深度的自我洞察、核心能力产品化，以及高效的杠杆利用，每个人都可以在这个人工智能、互联时代找到属于自己的财富之路。让我们带着这份认知和决心，勇敢地迈向那条充满希望和挑战的旅程。

一、挖掘或构建自己的专长

挖掘或构建自己的专长并非一蹴而就。它需要我们在深入了解自己的基础上，持续地学习和实践，勇于创新和尝试，不断地与他人分享和合作。更重要的是，这里所讲的专长不仅要为个人带来成就感和满足感，更要对社会有价值，满足企业和个人的需求。要想在社会上赚钱，就要为社会、企业、个体提供其有需求但无从获得的东西。如果社会上已经创造出需要的产品和服务，我们的专长也就不被需要了。

1. 自我洞察评估

要想在职场上找到自己的位置，首先需要了解我是谁、喜欢什么、擅长什么，以及最重要的我能为这个世界提供什么价值。这一过程的核心在于自我洞察评估。

自我洞察评估是自我认知的基石。它不仅帮助我们明确自己的兴趣和激情所在，更能揭示那些潜在的才能和优势。通过自我评估，我们可以对自己有一个全面、客观的认识，从而更有效地规划职业发展路径，避免盲目跟随或误入歧途。

下面我们分享识别个人兴趣、激情、潜在才能和构建个人核心能力的方法要领：

（1）反思日常活动中的高兴奋点。它是解决复杂的问题、与人沟通协作，还是创造性地表达自己？这些高兴奋点往往能指引我们找到自己的兴趣和激情所在。

（2）分析过往经历。回顾我们的学习和工作经历，哪些成就让我们感到最为自豪？是团队项目的成功、个人技能的突破，还是获得的认可和奖励？这些成就背后，隐藏着您的潜在才能和优势。

（3）征求他人意见。有时候，他人的观察可以给我们提供新的视角。询问朋友、家人或同事，他们认为我们在什么方面最为出色？这些反馈可以帮助我们发现自己可能忽视的才能。

（4）尝试新事物。不断尝试不同的活动和挑战，可以帮助我们发掘自己未知的兴趣和潜能。请记住，探索永远没有终点，每一次尝试都是自我了解的机会。

（5）运用职业评估工具。市面上有许多专业的职业评估工具，如MBTI（迈尔斯布里格斯类型指标）、霍兰德职业兴趣测验等，它们可以提供关于我们兴趣和职业倾向的宝贵见解。

（6）观察社会热点和发展趋势。主动观察社会的热点技术和发展的趋势，与自己的兴趣、能力进行匹配。围绕社会发展的需求来构建自己的特长。

【案例】杨莉是一位在市场营销领域工作多年的职场人士，通过自我评估，她意识到自己对数据分析有着浓厚的兴趣。于是，她开始利用业余时间学习数据分析相关课程，并在工作中主动承担更多与数据分析相关的项目。几年下来，她不仅在原有工作领域取得了卓越成绩，还成功转型为一名数据分析师，开启了全新的职业生涯。

通过深入地自我探索和评估，每个人都能找到属于自己的兴趣、激情和特长，并将其转化为职业上的专长和优势，如写作、口琴演奏、书法、演讲等。

请记住，了解自己是一场旅程，而这场旅程的终点，只是实现个人潜力和职业成功的开始。

2. 持续学习不断精进

持续学习不仅是职业发展的需要，更是个人成长的必经之路。深化专业知识，不断扩展自己的能力边界。职场人士实现长期成功的关键是：

（1）设定清晰的学习目标。这些目标应该与我们的职业规划紧密相连，既可以是短期的技能提升，也可以是长期的知识积累。

（2）选择合适的学习资源。随着互联网技术的发展，从在线课程、行业报告到专业论坛，学习资源无处不在。关键是要选择那些质量高与自己目标匹配的资源进行学习。

（3）实践和应用。寻找机会将所学知识应用到工作中，通过实践来巩固和深化学习成果。

（4）持续反馈与调整。学习是一个动态过程，需要不断地根据反馈来调整学习计划和方法。同时，也要保持对新知识、新技术的敏感性，及时更新学习内容。

3. 实践与创新

在掌握了理论知识和专业技能之后，要敢于将这些知识应用于实践，并在实践中进行不断地创新，这是实现个人突破性成长的关键一步。创新不仅是推动行业进步的动力，也是个人区别于他人，展示自我价值的重要手段。实践与创新相辅相成：一方面，实践为创新提供了土壤和机遇；另一方面，创新又能够让实践活动更加高效、有价值。

实践与创新的关键是：

（1）勇于尝试不畏失败。将所学的知识应用到实际工作中时，不要害怕失败。每一次尝试，无论成功与否，都是一次宝贵的实践经历。正是这些实践的经历，为创新积累了可能性。

（2）观察与洞察。在日常的工作实践中，要保持敏锐的观察力，关注工作流程中的不足、问题，以及潜在的改进空间。很多创新的灵感，都来源于对日常工作流程的细心洞察。

（3）跨界学习。创新往往是来自于跨领域的思维碰撞。通过学习其他行业或领域的知识，可以为自己的工作带来新的视角和解决方案。

（4）构建反馈循环。有效的反馈机制可以帮助快速验证创新想法的可行性。无论是内部团队还是客户，及时获取信息反馈并根据信息反馈进行调整，是创新过程中不可或缺的一环。

有些人一开始可能就有特长能力（天赋），但绝大多数人可能一直都没有挖掘出自己的特长能力（平凡）。无论我们是哪种情况都需要深度洞察自己，并不断地实践与创新，努力为社会、企业、个人解决关键问题，创造核心价值。这样的特长能力是平凡人逆袭的压舱石。

二、将其产品化

将其产品化这一概念，意味着我们需要将自己的知识、技能、经验，乃至个人品牌转变为可以提供给市场的具体产品和服务。这一过程不仅需要我们对自身的深刻理解和评估，更需要洞察市场需求，设计出符合需求的解决方案，并有效地将这些解决方案推向市场。这种转变，无疑会为个人职业生涯带来更广阔的发展空间和更大的自主权。

【案例】李伟作为一名经验丰富的图形设计师，她虽然在行业内有一定的知名度，但她已经意识到自己的职业发展遇到了瓶颈。于是，她开始尝试将自己的设计知识和经验整合成一个在线课程，面向那些希望自学图形设计的在线人群。通过这种方式，李伟不仅拓宽了自己的职业道路，还成功地将自己的专业知识变成了一种可持续的产品，为更广泛的受众带来价值。

李伟的故事只是众多成功案例中的一个，它向我们展示了将其产品化的巨大潜力。接下来，我们将深入探讨如何识别和构建自己的核心能力，设计并开发产品，最终将产品成功推向市场的策略和技巧。无论我们是正在寻找职业转型的机会，还是希望在当前的领域内寻求更深层次的发展，这一过程都将为我们开启全新的可能性。

1. 产品化的深层含义

简而言之，产品化就是将个人的能力转化为具体的产品和服务，使其能够为市场所接受和购买。

在个人职业发展的语境中，产品化并不仅仅意味着创造实体产品或提供标准化服务。它的核心在于将个人的价值以一种可量化、可交易的形式呈现出来，使得个人的努力和才智能够被市场所认可，并通过这种认可获得相应的回报。

2. 产品化的重要性

产品化的重要性包括：

（1）增强个人市场竞争力。在众多求职者中，那些能够明确展示自己价值和成果的人更容易获得雇主的青睐。通过产品化，个人可以更直观地展示自己的能力和成就。

（2）打开多元化收入渠道。将知识和技能转化为产品和服务，可以让个人在传统雇佣之外，拥有更多的收入来源，如在线课程、咨询服务或数字内容创作等。

（3）实现个人品牌建设。成功的产品化策略能够增强个人的品牌影响力，通过高质量的产品和服务，个人不仅能够建立专业形象，还能在行业内树立权威地位。

在个人职业发展的旅程中，找到适合产品化的切入点是迈向成功的关键一步。这不仅涉及识别自己的核心技能，还包括评估潜在市场需求和自身可利用的资源。

3. 识别核心技能

核心技能是我们在职场上能提供独特价值的能力，是个人产品化过程的基石。前面已经分析过，这里就不再赘述。

4. 评估市场需求

找到核心技能之后，下一步是评估这些技能在当前市场上的需求。无论我们有多么出色的能力，若市场（社会、企业、个体等）对其没有需求，则很难转化为价值。以下是几种评估市场需求的方法：

（1）行业趋势研究。通过行业报告、专业论坛和网络资源等，了解个人技能在当前和未来的市场中是否有广泛需求。

（2）竞争对手分析。查看同行业中的竞争对手是如何利用相似的技能，以及市场对这些产品和服务的反应如何？

（3）直接调研。通过问卷调查、一对一访谈等方式，直接向潜在客户了解他们的需求和期望。

5. 评估自身资源

成功的产品化不仅需要有市场需求，还需要足够的资源来支持产品的开发和推广。这些资源包括：

（1）时间。产品化需要投入大量时间进行市场调研和分析、产品开发和推广。因此需要评估我们能够投入这一过程的时间，以及如何高效利用这些时间。

（2）知识和技能。除了核心技能外，产品化还可能需要市场营销、客户服务等附加技能。识别这些技能的缺口，并制订学习计划。

（3）人际关系和网络。我们的人际网络能为产品化提供哪些帮助，以及我们是否有潜在的合作伙伴、导师或客户群？

【案例】作为一名职业摄影师，李薇具有出色的视觉表达能力。通过市场调研，她发现虽然摄影服务市场竞争激烈，但高质量在线摄影培训课程的需求却在增长。结合自己的技能和市场需求，她决定开发一套针对初学者的在线培训摄影课程。利用自己的人际网络，她与一位经验丰富的课程设计师合作，共同创建了这套摄影课程。通过有效的时间管理和网络营销策略，李薇的在线课程不仅获得了市场的认可，还为她开辟了新的收入来源。

有一句话是这样说的："才而不财非才也。"这句话里的"财"，意思是指价值。一个有才华的人，如果其才华不能为社会、企业或个人产生价值，那他的这些才华可能就得不到别人的认可，也很难被称为人才。找到适合产品化的切入点，通过识别自己的核心技能，评估市场需求，并合理利用可用资源，每个平凡人都可以将自己的能力转化为对社会有价值的产品和服务。这一过程不仅能够帮助个人实现职业发展和收入增长，更能够为社会带来积极的影响。

三、将其规模化

我们都知道，只提供一个产品或一项服务是很难获得源源不断的财富的。最好的路径是可以运用一些杠杆来放大我们的产品，让更多的人能够随时随地消费到我们的产品。这样，我们就可以摆脱时间和空间的限制，致富才不是一句空话。

运用杠杆放大产品的过程就是规模化。真正成功的规模化绝非一蹴而就，它需要深谋远虑，更需要恰当地利用各种杠杆，如劳动力、资本，以及复制边际成本几乎为零的产品。

在职场和商业世界里，杠杆的作用不可小觑。它如同放大镜一样，能够放大我们的努力和资源，帮助我们实现目标。如何有效利用这些杠杆，这既是一门科学，也是一门艺术。下面让我们通过一个真实的案例来看看成功的规模化是如何实现的。

【案例】这是在 SaaS（软件即服务）行业的一个典型例子。张辉是一位软件开发者，他发现中小企业在 CRM（客户关系管理）方面有着明显的需求和痛点。通过深入调研，他开发了一款易于使用、功能全面的 CRM 软件。起初，张辉通过个人努力和少量的资本投入，完成了软件的初步开发和市场验证。随着产品的成熟和市场的积极反馈，他开始考虑如何将这款软件推向更广阔的市场。在这个过程中，张辉巧妙地利用了三种杠杆：一是他通过聘请远程团队，扩大劳动力的规模，加速了产品开发和客户支持；二是他寻求风险投资，利用了资本杠杆加速业务的扩展和市场营销；三是他得益于软件产品的复制边际成本几乎为零，以极低的制作成本将产品推向市场。通过这些策略的实施，张辉的 CRM 软件迅速在中小企业市场获得了成功，实现了业务的规模化。

张辉的故事只是无数成功规模化案例中的一个，但它深刻地展示了规模化背后的逻辑和策略。接下来，我们将深入探讨如何通过劳动力杠杆、资本杠杆和复制边际成本为零的智慧运用，实现快速成长和扩展。

1. 劳动力杠杆

通过运用劳动力杠杆，即让更多的人为我们工作，我们可以将自己从日常的、重复性的任务中解放出来，专注于更高层次的战略规划和业务创新。但正确地运用劳动力杠杆，既需要明确的原则，也需要具体的操作方法，同时还要注意潜在的风险。

（1）运用劳动力杠杆的原则。一是需要明确目标。在考虑扩大团队之前，需要清楚自己的业务目标和扩展需求，这将帮助您确定需要什么样的人才，以及这些人才如何帮助我们达成目标。二是质量优于数量。在招聘团队成员时，应注重质量而非数量。一个小而高效的团队往往比一个庞大但效率低下的团队更能有效地实现业务目标。三是培养团队文化。一个有凝聚力和共同目标的团队能够提高工作效率和创新能力。因此，培养积极的团队文化，确保每个成员都能够为共同的目标努力是至关重要的。

（2）风险及注意事项。一是人力资源管理。随着团队的扩大，人力资源管理变得更为复杂。需要注意的是，如何合理安排工作、评估绩效，以及激励团队成员。

二是沟通和协作。保持团队内部的有效沟通和协作是维持团队高效运作的关键。随着团队规模的扩大，可能需要引入更加系统化的沟通工具和协作平台。三是文化和价值观一致性。在团队快速扩张的过程中，保持团队文化和价值观的一致性是一个挑战。新加入的团队成员应与公司的文化和价值观相匹配。

有效地运用劳动力杠杆能够为我们的产品规模化带来显著的成长和扩展。然而，成功的实施需要策略性的规划、高效的管理，以及对潜在风险的充分认识，这就涉及经营和管理领域的内容了。所以，一个优秀的个体，一定是一位终身学习者。

2. 资本杠杆

资本杠杆是一种相对现代化的杠杆。现代有很多平凡的个体利用自己的一技之长或某种理念撬动外界的资金进行创业，从而创造了巨大的财富。

利用资本杠杆的门槛比较高，这与个体的能力、信誉等都有很大的关系。首先，是能不能吸引到资本？其次，后续的资本管理也是一个非常专业的事情。

资本杠杆所涉及的内容非常广且更加严谨专业，本书就不再做深入分析。有兴趣的读者可以去查找学习资源深度学习。

3. 复制边际成本为零

这是新出现的一类杠杆，也是普通人触手可及的一种方式。其中就包括书籍、媒体、影视、软件代码等。这一类杠杆是最值得花时间研究，也是最重要的杠杆。特别是移动互联网的发展，让规模化产生了爆炸式的发展。我们可能不需要劳动力来为我们工作，可能也不需要有人来给我们投资，就可以将我们的产品放大成千上万倍。

像大家所熟知的白酒等产品的销售，传统的销售方式是需要大量的人，开发大量的经销商、分销商、终端店，一层一层往下渗透，最终到达消费者手里。这中间就要花费大量的时间、精力、费用等才有可能实现规模化，达成大的销售目标。但是在互联网时代、短视频自媒体时代、直播电商时代，我们会发现这一切都彻底变了。正如某位大咖所说“所有的传统行业都值得用互联网重做一遍”。

近几年，随着自媒体平台，如抖音、小红书等的兴起和普及，我们见证了一个个平凡个体通过这些平台实现了职业生涯的巨大转变。这些人利用自己的一技之长，通过内容创作在社交媒体上建立起庞大的粉丝基础，成功将自己的技能、知识，甚至个人故事产品化和规模化，成了超级个体。这不仅彰显了个人能力和创造力的价值，也体现了当代技术和社会媒体环境给普通人带来的机遇。比如：

（1）自媒体平台。自媒体平台提供了一个低成本、高效率的展示和交流空间，让每个人都有机会成为内容的创造者和传播者。这些平台的算法推荐机制使得那些优质内容能够迅速获得曝光，吸引关注和流量。对于那些有特定技能、知识或独到见解的个体而言，自媒体平台成为他们展示自我、构建品牌，甚至是实现商业化的舞台。

（2）超级个体。一是内容创造。超级个体往往围绕自己的专长或兴趣，创造出既有价值又能吸引受众的内容。无论是教育教学、生活分享、技能展示，还是娱乐幽默，他们通过独特的视角和表现形式，让内容成为吸引粉丝的核心。二是品牌建设。通过持续不断的内容输出，这些个体在粉丝心中建立起了鲜明的个人品牌形象。品牌的建设让他们在同领域的众多创作者中脱颖而出，成为领域内的意见领袖。三是商业化获利。随着粉丝基础的壮大，这些超级个体开始探索多种商业化路径，包括广告合作、内容付费、周边产品销售、线下活动等。通过多元化的获利方式，他们实现了从个体到超级个体的商业逆袭。

（3）风险与挑战。尽管自媒体平台提供了巨大的机遇，但在这个过程中也存在不少风险和挑战。内容质量的维护、个人品牌的稳健发展，以及与粉丝互动的良性管理等，这些都是超级个体需要关注的问题。此外，随着商业化程度的加深，如何在商业利益和个人价值之间找到平衡，也是一个不小的挑战。

借助抖音、小红书等自媒体平台的力量，许多平凡个体实现了自己的超级逆袭，成了影响力巨大的超级个体。这一过程不仅证明了个人能力和创造力的价值，也展示了在数字化社会中，每个人都有可能通过自己的努力和智慧实现梦想。当下，互联网自媒体是帮助个体走向超级个体最好的杠杆。

第二节　能力与性格的认知

“知己知彼，百战不殆”。了解自己对于个体的发展，一定是最重要的一件事情。对自己进行清晰准确的认知，无疑是最值得每个人花时间去做的事情。

一、自我探索能力

在职场中，一般会运用 ASK（态度、技能、知识）模型来对一个人进行评估，如图 2-3 所示。

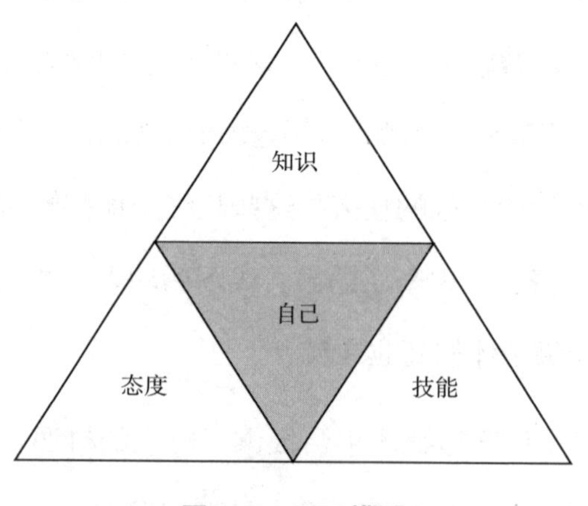

图 2-3　ASK 模型

我们可以基于 ASK 模型来评估自己，看自己在这三个维度中，有哪些独特的亮点，描绘出自己的精准画像。另外，也可以用冰山素质模型来分析自己，如图 2-4 所示。

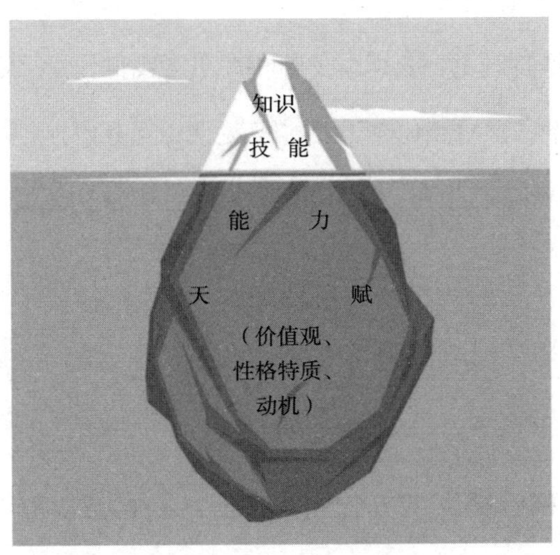

图 2-4　冰山素质模型图

冰山素质模型就像它的名字一样，借用了冰山的形象来比喻一个人的素质和能力。想象一座漂浮在海面上的冰山，我们能看到的部分只是冰山露出水面的一小部分，大部分冰山其实隐藏在水面之下。这个模型用来形容人的能力和特质：有些容易看到和衡量，而更多的则深藏于表面之下，不那么容易一眼看穿。

1. 冰山素质模型的构成

（1）显性部分。这是露出水面的部分，它代表一个人容易被观察到的知识和技能。比如专业技能、学历背景、工作经验等。这部分比较容易通过教育和培训来获取和提升，也是求职时简历上常常着重展示的部分。

（2）隐性部分。这是隐藏在水面下的部分，它包括一个人的态度、价值观、信念、情感智力、适应能力等。这部分虽然不容易直接观察和衡量，但却对个人的职业发展和日常工作有着深远的影响。比如，对工作的热情、团队合作的态度、面对压力的适应能力等，都是决定其能否成功的关键因素。

2. 冰山素质模型的意义

冰山素质模型提醒我们，在个人发展和职业规划时，不仅要关注那些显而易见的知识和技能，更要深入挖掘和发展那些隐藏在深处的内在素质。这些隐性的素质往往是推动个人成长的根本动力，也是区分优秀与平庸的关键。

在实际应用中，了解冰山素质模型可以帮助我们更全面地认识自己和他人，从而在工作中更好地发挥自己的优势，克服或者弥补自己的不足，实现个人价值和职业目标。

总之，冰山素质模型提供了一个全面分析个人能力的框架，让我们认识到，一个人的成功不仅仅建立在显而易见的技能之上，更多的是依赖于那些不易察觉但至关重要的内在素质上。

无论是运用 ASK 模型，还是运用冰山素质模型，最重要的是挖掘自己所擅长的，且符合社会需求的内容。如果暂时还无法确定，则可以尝试设定构建关键知识能力的目标和成长计划。总之，平凡人逆袭的压舱石是核心的可以产品化的能力。

二、性格测试分析

下面介绍一种性格测试的常用方法，即DISC（支配性、影响性、稳定性、服从性）性格测试。

20 世纪 20 年代，美国心理学家威廉・莫尔顿・马斯顿博士在精神病患者或精神失常人群研究基础上，创建了情绪反应理论，用于心理健康人群的情绪研究。为了检验他的理论，马斯顿博士发明了 DISC 性格测试法。

DISC 性格测试可以广泛用于测查、评估和帮助人们改善其行为方式、人际关系、工作绩效、团队合作、领导风格等。DISC 性格测试由 24 组描述个性特质的形容词构成，每组包含四个形容词，即 D（支配性）、I（影响性）、S（稳定性）、C（服从性），从 D I C S 四个测量维度，以及一些干扰维度来选择，要求被测试者从中选择一个最符合自己和一个最不符合自己的形容词。

以下是 DISC 性格测试题，让我们自己动手测一下，看看自己是属于哪一种人格特质。

1.DISC 测试要求

一共 40 题，每题 1 分，测试时间 10 分钟。

（1）请在每一个选择题中选择一个最符合您自己的和最不符合自己的，并用英文字母进行标记。

（2）请勿遗漏。特别注意：请按第一印象快速选择，如果不能确定，可回忆童年时的情况，或者以您最熟悉的人对您的评价来从中选择。

2.DISC 测试题目

我是一个什么样的人?

第 1 题

（1）富于冒险：愿意面对新事物并敢于下决心掌握的人；D

（2）适应力强：轻松自如适应任何环境 ；S

（3）生动：充满活力，表情生动，多手势；I

（4）善于分析：喜欢研究各部分之间的逻辑和正确的关系。C

第 2 题

（1）坚持不懈：要完成现有的事才能做新的事情；C

（2）喜好娱乐：开心充满乐趣与幽默感；I

（3）善于说服：用逻辑和事实而不用威严和权力服人；D

（4）平和：在冲突中不受干扰，保持平静。S

第 3 题

（1）顺服：易接受他人的观点和喜好，不坚持己见；S

（2）自我牺牲：为他人利益愿意放弃个人意见；C

（3）善于社交：认为与人相处是好玩，而不是挑战或者商业机会；I

（4）意志坚定：决心以自己的方式做事。D

第 4 题

（1）使人认同：因人格魅力或性格使人认同；I

（2）体贴：关心别人的感受与需要；C

（3）竞争性：把一切当作竞赛，总是有强烈的赢的欲望；D

（4）自控性：控制自己的情感，极少流露。S

第 5 题

使人振作：给他人清新振奋的刺激；I

尊重他人：对人诚实尊重；C

善于应变：对任何情况都能作出有效的反应；D

含蓄：自我约束情绪与热忱。S

第 6 题

（1）生机勃勃：充满生命力与兴奋；I

（2）满足：容易接受任何情况与环境；S

（3）敏感：对周围的人事过分关心；C

（4）自立：独立性强，只依靠自己的能力、判断、与才智。D

第 7 题

（1）计划者：先做详尽的计划，并严格按计划进行，不想改动；C

（2）耐性：不因延误而懊恼，冷静且能容忍；S

（3）积极：相信自己有转危为安的能力；D

（4）推动者：运用性格魅力或鼓励别人参与。I

第 8 题

（1）肯定：自信，极少犹豫或者动摇；D

（2）无拘无束：不喜欢预先计划，或者被计划牵制；I

（3）羞涩：安静，不善于交谈；S

（4）有时间性：生活处事依靠时间表，不喜欢计划被人干扰。C

第 9 题

（1）迁就：改变自己以与他人协调，短时间内按他人要求行事；S

（2）井井有条：有系统有条理安排事情的人；C

（3）坦率：毫无保留，坦率发言；I

（4）乐观：令他人和自己相信任何事情都会好转。D

第 10 题

（1）强迫性：发号施令，强迫他人听从；D

（2）忠诚：一贯可靠，忠心不移，有时毫无根据地奉献；C

（3）有趣：风趣，幽默，让任何事物都能变成精彩的故事；I

（4）友善：不主动交谈，不爱争论。S

第 11 题

（1）勇敢：敢于冒险，无所畏惧；D

（2）体贴：待人得体，有耐心；S

（3）注意细节　观察入微，做事情有条不紊；C

（4）可爱：开心，与他人相处充满乐趣。I

第 12 题

（1）令人开心：充满活力，并将快乐传于他人；I

（2）文化修养：对艺术学术特别爱好，如戏剧、交响乐；C

（3）自信：确信自己个人能力与成功；D

（4）贯彻始终：情绪平稳，做事情坚持不懈。S

第 13 题

（1）理想主义：以自己完美的标准来设想衡量新事物；C

（2）独立：自给自足，独立自信，不需要他人帮忙；D

（3）无攻击性：不说或者做可能引起别人不满和反对的事情；S

（4）富有激励：鼓励别人参与、加入，并把每件事情变得有趣。I

第 14 题

（1）感情外露：从不掩饰情感．喜好，交谈时常身不由己接触他人；I

（2）深沉：深刻并常常内省，对肤浅的交谈、消遣会厌恶；C

（3）果断：有很快做出判断与结论的能力；D

（4）幽默：语气平和而又冷静的幽默。S

第 15 题

（1）调解者：经常居中调节不同的意见，以避免双方的冲突；S

（2）音乐性：喜欢参与并有较强的鉴赏能力，因音乐的艺术性，而不是因为表演的乐趣；C

（3）发起人：高效率的推动者，是他人的领导者，闲不住；D

（4）喜交朋友：喜欢周旋聚会中，善交新朋友不把任何人当陌生人。I

第 16 题

（1）考虑周到：善解人意，帮助别人，记住特别的日子；C

（2）执着：不达目的，誓不罢休；D

（3）多言：不断地说话、讲笑话以娱乐他人，觉得应该避免沉默而带来的尴尬；I

（4）容忍：易接受别人的想法和看法，不需要反对或改变他人。S

第 17 题

（1）聆听者：愿意听别人倾诉；S

（2）忠心对自己的理想、朋友、工作都绝对忠实，有时甚至不需要理由；C

（3）领导者：天生的领导，不相信别人的能力能比上自己；D

（4）精力充沛：充满活力，精力充沛。I

第 18 题

（1）知足：满足自己拥有的，很少羡慕别人；S

（2）首领：要求领导地位及别人跟随；D

（3）制图者：用图表数字来组织生活，解决问题；C

（4）惹人喜爱：人们注意的中心，令人喜欢。I

第 19 题

（1）完美主义者：对自己、对别人都高标准、一切事物有秩序；C

（2）和气：易相处，易说话，易让人接近；S

（3）勤劳：不停地工作，完成任务，不愿意休息；D

（4）受欢迎：聚会时的灵魂人物，受欢迎的宾客。I

第 20 题

（1）跳跃性：充满活力和生机勃勃；I

（2）无畏：大胆前进，不怕冒险；D

（3）规范性：时时坚持自己的举止合乎认同的道德规范；C

（4）平衡：稳定，走中间路线。S

第 21 题

（1）乏味：死气沉沉，缺乏生气；S

（2）忸怩：躲避别人的注意力，在众人注意下不自然；C

（3）露骨：好表现，华而不实，声音大；I

（4）专横：喜命令支配，有时略显傲慢。D

第 22 题

（1）散漫：生活任性无秩序；I

（2）无同情心：不易理解别人的问题和麻烦；D

（3）缺乏热情：不易兴奋，经常感到好事难做；S

（4）不宽恕：不易宽恕和忘记别人对自己的伤害，易嫉妒。C

第 23 题

（1）保留：不愿意参与，尤其是当事情复杂时；S

（2）怨恨：把实际或者自己想象的别人的冒犯经常放在心中；C

（3）逆反：抗拒，或者拒不接受别人的方法，固执己见；D

（4）唠叨：重复讲同一件事情或故事，忘记已经重复多次，总是不断找话题说话。I

第 24 题

（1）挑剔：坚持琐事细节，总喜欢挑不足；C

（2）胆小：经常感到强烈的担心焦虑、悲戚；S

（3）健忘：缺乏自我约束，导致健忘，不愿意回忆无趣的事情；I

（4）率直：直言不讳，直接表达自己的看法。D

第 25 题

（1）没耐性：难以忍受等待别人；D

（2）无安全感：感到担心且无自信心；S

（3）优柔寡断：很难下决心；C

（4）好插嘴：一个滔滔不绝的发言人，不是好听众，不注意别人的说话。I

第 26 题

（1）不受欢迎：由于强烈要求完美，而拒人千里；C

（2）不参与：不愿意加入，不参与，对别人生活不感兴趣；S

（3）难预测：时而兴奋，时而低落，或总是不兑现诺言；I

（4）缺同情心：很难当众表达对弱者或者受难者的情感。D

第 27 题

（1）固执：坚持照自己的意见行事，不听不同意见；D

（2）随性：做事情没有一贯性，随意做事情；I

（3）难以取悦：因为要求太高而使别人很难取悦；C

（4）行动迟缓：迟迟才行动，不易参与或者行动总是慢半拍。S

第 28 题

（1）平淡：平实淡漠，中间路线，无高低之分，很少表露情感；S

（2）悲观：尽管期待最好但往往首先看到事物不利之处；C

（3）自负：自我评价高，认为自己是最好的人选；D

（4）放任：让别人做他喜欢做的事情，为的是讨好别人，令别人鼓吹自己。I

第 29 题

（1）易怒：善变，孩子性格，易激动，过后马上就忘了；I

（2）无目标：不喜欢目标，也无意定目标；S

（3）好争论：易与人争吵，不管对何事都觉得自己是对的；D

（4）孤芳自赏：容易感到被疏离，经常没有安全感或担心别人不喜欢和自己相处。C

第 30 题

（1）天真：孩子般的单纯，不理解生命的真谛；I

（2）消极：往往看到事物的消极面阴暗面，而少有积极的态度；C

（3）鲁莽：充满自信有胆识但总是不恰当；D

（4）冷漠：漠不关心，得过且过。S

第 31 题

（1）担忧：时时感到不确定、焦虑、心烦；S

（2）不善交际：总喜欢挑人毛病，不被人喜欢；C

（3）工作狂：为了回报或者说成就感，而不是为了完美，因而设立宏伟目标不断工作，耻于休息；D

（4）喜获认同：需要旁人认同赞赏，像演员。I

第 32 题

（1）过分敏感：对事物过分反应，被人误解时感到被冒犯；C

（2）不圆滑老练：经常用冒犯或考虑不周的方式表达自己；D

（3）胆怯：遇到困难退缩；S

（4）喋喋不休：难以自控，滔滔不绝，不能倾听别人。I

第33题

（1）腼腆：事事不确定，对所做的事情缺乏信心；S

（2）生活紊乱：缺乏安排生活的能力；I

（3）跋扈：冲动地控制事物和别人，指挥他人；D

（4）抑郁：常常情绪低落。C

第34题

（1）缺乏毅力：反复无常，互相矛盾，情绪与行动不合逻辑；I

（2）内向：活在自己的世界里，思想和兴趣放在心里；C

（3）不容忍：不能忍受他人的观点、态度和做事的方式；D

（4）无异议：对很多事情漠不关心。S

第35题

（1）杂乱无章：生活环境无秩序，经常找不到东西；I

（2）情绪化：情绪不易高涨，感到不被欣赏时很容易低落；C

（3）喃喃自语：低声说话，不在乎说不清楚；S

（4）喜操纵：精明处事，操纵事情，使对自己有利。D

第36题

（1）缓慢：行动思想均比较慢，过分麻烦；S

（2）顽固：决心依自己的意愿行事，不易被说服；D

（3）好表现：要吸引人，需要自己成为被人注意的中心；I

（4）有戒心：不易相信，对语言背后的真正的动机存在疑问。C

第 37 题

（1）孤僻：需要大量的时间独处，避开人群；C

（2）有统治欲：毫不犹豫地表示自己的正确或控制能力；D

（3）懒惰：总是先估量事情要耗费多少精力，能不做最好；S

（4）大嗓门：说话声和笑声总盖过他人。I

第 38 题

（1）拖延：凡事起步慢，需要推动力；S

（2）多疑：凡事怀疑，不相信别人；C

（3）易怒：对行动不快或不能完成指定工作时易烦躁和发怒；D

（4）不专注：无法专心致志或者集中精力。I

第 39 题

（1）报复性：记恨并惩罚冒犯自己的人；C

（2）烦躁：喜新厌旧，不喜欢长时间做相同的事情；I

（3）勉强：不愿意参与或者说投入；S

（4）轻率：因没有耐心，不经思考，草率行动。D

第 40 题

（1）妥协：为避免矛盾即使自己是对的也不惜放弃自己的立场；S

（2）好批评：不断地衡量和下判断，经常考虑提出反对意见；C

（3）狡猾：精明，总是有办法达到目的；D

（4）善变：像孩子般注意力短暂，需要各种变化，怕无聊。I

3. 测试结果汇总

请统计上述答题结果，并将对应的统计数目记入括号内。

（1）最符合您自己的。

D–（　　）I–（　　）S–（　　）C–（　　）

（2）最不符合自己的。

D–（　　）I–（　　）S–（　　）C–（　　）

4. 测试结果的适用说明

本测试只是简单的性格测试分析，性格特征无优劣之分，另外受测试者个人成长环境影响，答案可能与实际条件不符，仅做参考！

计算测试者得分，超过 10 分称为显性因子，可以作为性格测评的判断依据。低于 10 分称为隐性因子，对性格测评没有实际指导意义，可以忽略。如果有两项及以上得分超过 10 分，说明您同时具备那两项特征。

5. 性格测试结果分析

（1）支配型 / 控制者。D 型特质的人可以称为是天生的领袖。

在情感方面，D 型特质的人是一个坚定果敢的人，喜好变化，喜欢控制，干劲十足，独立自主，超级自信，因为比较不会顾及别人的感受，所以显得粗鲁、霸道、没有耐心、穷追不舍、不会放松。D 型特质的人不习惯与别人进行感情交流，不会恭维人，不喜欢眼泪，缺乏同情心。

在工作方面，D 型特质的人是一个务实和讲究效率的人，目标明确，眼光全面，组织力强，行动迅速，解决问题不过夜，果敢坚持到底，在反对声中成长。但是，因为过于强调结果，D 型特质的人往往容易忽视细节，处理问题不够细致。爱管人、喜欢支使他人的特点使得D型特质的人能够带动团队进步，但也容易激起同事的反感。

在人际关系方面，D型特质的人比较喜欢为别人做主，虽然这样做能够帮助别人做出选择，但也容易让人有种强迫感。由于关注自己的目标，D型特质的人在乎的是别人的可利用价值。喜欢控制别人，不会说对不起。

描述性词语：D型特质的人积极进取、争强好胜、强势、爱追根究底、直截了当、主动的开拓者、坚持意见、自信、直率。

（2）活泼型/社交者。I型特质的人通常是较为活泼的团队活动组织者。

在情感方面，I型特质的人是一个情感丰富而外露的人，由于性格活跃，爱说，爱讲故事，幽默，彩色记忆，能抓住听众，常常是聚会的中心人物。I型特质的人是一个天才的演员，天真无邪，热情诚挚，喜欢送礼和接受礼物，看重人缘。情绪化的特点使得I型特质的人容易兴奋，喜欢吹牛、说大话，天真，永远长不大，富有喜剧色彩。但是，似乎也很容易生气，爱抱怨，不成熟。

在工作方面，I型特质的人是一个热情的推动者，总有新主意，色彩丰富，说干就干，能够鼓励和带领他人一起积极投入工作。可是，I型特质的人似乎总是情绪决定一切，想到哪儿说到哪儿，而且说得多干得少，遇到困难容易失去信心，杂乱无章，做事不彻底，爱走神儿，爱找借口。I型特质的人喜欢轻松友好的环境，非常害怕被拒绝。

在人际关系方面，I型特质的人容易交上朋友，朋友也多。关爱朋友，也被朋友称赞。爱当主角，爱受欢迎喜欢控制谈话内容。可是，喜欢即兴表演的特点使得I型特质的人常常不能仔细理解别人，而且健忘多变。

描述性词语：I型特质的人有影响力、有说服力、友好、善于言辞、健谈、乐观积极、善于交际。

（3）稳定型 / 支持者。S型特质的人通常较为平和，知足常乐，不愿意主动前进。

在情感方面，S 型特质的人是一个温和主义者，悠闲，平和，有耐心，感情内藏，待人和蔼，乐于倾听，遇事冷静，随遇而安。S 型特质的人喜欢使用一句口头禅：不过如此。这个特点使得 S 型特质的人总是缺乏热情，不愿改变。

在工作方面，S型特质的人能够按部就班地管理事务，胜任工作并能够持之以恒。奉行中庸之道，平和可亲，一方面习惯于避免冲突，另一方面也能处变不惊。但是，S 型特质的人似乎总是慢吞吞的，很难被鼓动，懒惰，马虎，得过且过。S 型特质的人由于害怕承担风险和责任，宁愿站在一边旁观。很多时候，蔫有主意，有话不说，或折中处理。

在人际关系方面，S 型特质的人是一个容易相处的人，喜欢观察人、琢磨人，乐于倾听，愿意支持。可是，由于不以为然， S 型特质的人也可能显得漠不关心，或者嘲讽别人。

描述性词语：S 型特质的人可靠、深思熟虑、亲切友好、有毅力、坚持不懈、善倾听者、全面周到、自制力强。

（4）完美型 / 服从者。C 型特质的人通常是喜欢追求完美的专业型人才。

在情感方面，C 型特质的人是一个性格深沉的人，严肃认真，目的性强，善于分析，愿意思考人生与工作的意义，喜欢美丽，对他人敏感，理想主义。但是，C 型特质的人总是习惯于记住负面的东西，容易情绪低落，过分自我反省，自我贬低，离群索居，有忧郁症倾向。

在工作方面，C 型特质的人是一个完美主义者，高标准，计划性强，注重细节，讲究条理，整洁，能够发现问题并制订解决问题的办法，喜欢图表和清单，坚持己见，善始善终。但是，C 型特质的人也很可能是一个优柔寡断的人，习惯于收集信息资料和做分析，却很难投入到实际运作的工作中来。C 型特质的人容易自我否定，因此需要别人的认同。同时，也习惯于挑剔别人，不能忍受别人的工作做不好。

对待人际关系方面，C 型特质的人一方面在寻找理想伙伴，另一方面却交友谨慎。能够深切地关怀他人，善于倾听抱怨，帮助别人解决困难。但是， C 型特质的人似乎始终有一种不安全感，以至于感情内向，退缩，怀疑别人，喜欢批评人事，却不喜欢别人的反对。

描述性词语：C 型特质的人遵从、仔细、有条不紊、严谨、准确、完美主义者、逻辑性强。

通过 DISC 性格测试，您对自己有一个相对清晰的认知了吗？是否明确了自己努力的方向？是否了解了自己的性格特点？是不是准备构建自己的核心能力，实施您的成长计划了呢？

第三节　您的注意力到哪去了

在这个快节奏、高度信息化的现代生活中，我们的注意力就像一枚投掷的硬币，每次都在做出选择。不论是工作、学习，还是与家人朋友的交往，每一次都代表着我们对时间和精力的投资。然而，我们却面临着挑战：如何在无尽的信息海洋中保持我们的注意力不被分散，如何在众多的干扰中保持我们的专注和高效。

一、什么是注意力

看到注意力这三个字，您第一反应是什么？我们下面将要说的注意力可能和您第一反应的意思不一样。正是因为我们对注意力这三个字的反应不一样，所以说明我们平时对注意力的重视程度不够。导致我们年复一年，日复一日，白白浪费了我们最宝贵的时间。

所谓注意力，就像是我们大脑里的聚光灯，照亮我们决定要关注的事物。想象我们手中拿着一盏手电筒在漆黑的夜晚里行走，手电筒的光束可以帮助我们照亮前方的路，但它只能照亮手电筒灯光所聚焦的那一小块区域。同样，我们的大脑在任何时刻也只能集中处理有限的信息，而注意力就是决定我们大脑里的“光束”照向哪里的能力。简单来说，注意力决定了我们的大脑在众多信息中选择什么，忽略什么，它是我们采集信息、作出决定和完成任务不可或缺的工具。

二、注意力管理的重要性

首先，现代生活的特点是信息爆炸。每天，从社交媒体信息的更新，到新闻网站的最新报道，再到我们工作中的电子邮件和即时消息，信息无处不在地争夺我们的注意力。这种情况下，能否有效管理自己的注意力，决定了我们是否能够从广袤信息中筛选出真正有价值的信息，避免被无关紧要的信息所干扰。

其次，现代工作和学习环境要求我们高效率和高质量地产出成果。在这样的背景下，注意力的集中变得尤为重要。研究表明，持续专注于一项任务，可以显著提高工作或学习的效率和成果质量。相反，频繁地被打断，会导致完成成果的时间延长，错误率增加。长此以往还可能影响到我们的认知能力。

最后，注意力还与我们的幸福感密切相关。能否在生活中找到并专注于那些让我们感到满足和快乐的活动和人际关系，是实现个人幸福的关键。反之，如果我们总是被琐碎的事务所困扰，无法专注于真正重要的人和事，我们生活的质量和幸福感都会受到影响。

因此，了解并提升注意力的能力，不仅能让我们在工作和学习中更加出色，也能让我们的生活更加丰富多彩。在这个充满诱惑和干扰的时代，保持良好的注意力管理技巧，就像在喧嚣的闹市中找到了一处宁静的世外桃源，让我们能够更好地掌握自己的时间和生活，实现自我价值和幸福感。

三、注意力管理的困惑

我曾经很认真地观察过身边的各种人士。比如，出差途中遇到的旅客、在企业培训过的学员、平时打交道的各种人群等。他们其中 90% 的人都不太注意对自己注意力的管理，甚至很多人根本就没有这个意识。下面我们来探讨生活中注意力管理的四种现象：信息过载、多任务处理、干扰与打断、注意力跑偏。

1. 信息过载

想象一下，每天醒来第一件事是查看手机，无数的新闻、社交媒体信息、邮件和其他各种消息铺天盖地扑来。这种信息过载现象是我们现代生活的常态，它不仅消耗了我们大量的时间，更是分散了我们的注意力。当我们试图消化这些信息时，往往会感到压力山大，难以专注。信息过载使得我们难以筛选出真正有价值的信息，导致决策疲劳，甚至影响我们的身心健康。

2. 多任务处理

在尝试应对信息过载的同时，许多人采取了多任务处理的方式，误以为这样可以提高效率。然而，研究显示，我们的大脑其实并不擅长同时处理多项任务。所谓多任务处理实际上是在不同任务间进行快速切换，这不仅降低了我们工作和学习的效率，还会增加我们犯错的概率，甚至长期坚持多任务处理，还会导致注意力持续分散，降低深度思考的能力，从而影响学习和工作的深度和质量。

3. 干扰与打断

现代信息技术的便利也带来了持续的干扰和打断。比如，我们在工作时手机不断弹出的即时消息、会议中手机不停振动的信息提醒、家庭聚会时大家低头看手机的情形已经成为常态。这些信息干扰不仅打断了我们的工作和学习，也削弱了人与人的深入交流。每一次的信息干扰都需要花时间来重新集中我们的注意力，频繁地打断使得我们难以进入高效的工作状态。长此以往，还可能导致专注力持续下降，工作和生活质量受到影响。

4. 注意力跑偏

这种现象往往很容易被人忽略。有些人自以为自己对注意力的管理得还不错，至少没有上述的三种现象，但注意力跑偏其实更致命。方向不对，努力白费。

所以，在信息泛滥、多任务处理被过度提倡、干扰无处不在的现代生活中，有效的管理注意力变得尤为重要。我们需要意识到这些现象对我们的潜在影响，并采取相应的措施。比如，减少不必要的信息摄入、避免无谓的多任务处理、减少外部干扰、聚焦正确的事情，以提高我们的注意力管理能力，从而提升工作效率、学习效果和生活质量。通过这样的努力，我们可以在这个快速变化的时代中找到自己的节奏，实现个人的成长和发展。

四、注意力管理的策略

下面给大家分享一些实用的注意力管理策略，帮助我们在日常生活中有效管理自己的注意力。

1. 设定明确的目标

在开始任何任务之前，首先要明确我们的目标是什么。无论是完成一个工作项目，还是学习一种技能，具体而明确的目标都能帮助我们集中注意力，避免在不相关的事务上浪费时间。特别是各种里程碑式的目标，一定要坚持达成。

2. 创造有利于专注的环境

外部环境对我们的注意力有着直接的影响。尽可能创造一个静谧、整洁的工作或学习环境，减少可能的干扰源。比如，将手机调至静音模式，关闭不必要的电子设备，使用耳塞等。

3. 制定工作和休息的时间表

采用番茄工作法等时间管理技巧，如 25 分钟集中工作，然后休息 5 分钟。这种方法不仅能帮助我们保持注意力集中，还能防止长时间工作导致的疲劳。

4. 专注单一任务

尽管我们常常认为自己能够高效地处理多任务，但研究显示，专注单一任务实际上更能提高效率。在处理任何一项任务时，尽量避免同时进行其他活动。

5. 有意识地控制数字设备的使用

数字设备和社交媒体或许是现代生活中最大的干扰源之一。有意识地控制这些设备的使用时间，如设定每日查看社交媒体的固定时间，可以帮助我们减少被干扰的次数。

6. 正念冥想

正念冥想是一种有效训练注意力的方法，可以帮助我们提高在日常生活中的专注力。通过定期练习，我们可以学会如何在各种情境下更好地管理自己的注意力。

7. 保持身体健康

身体的健康状况直接影响到我们的注意力和认知能力。保证充足的睡眠，定期进行体育锻炼，以及保持健康的饮食习惯，这些对维持和提升注意力有着重要作用。

8. 每日三省

实时的反思复盘其实也是很有必要的。每天睡觉前好好地反思一下，今天的注意力管理情况如何？有哪些行为要停止？有哪些行为可以保持？还可以增加哪些好的行为？坚持不断地小结复盘，您会发现，您的注意力管理会越来越高效。

下面我们分享一个注意力分析四象限法，如图 2-5 所示。我们可以用两个指标来衡量注意力的使用情况，一个指标是事物与自己的相关性，另一个指标则是事物对于自己的价值。

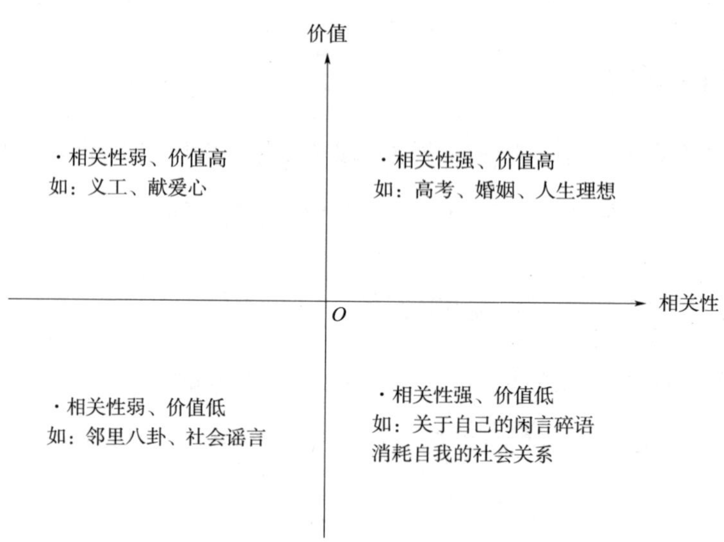

图 2-5　注意力分析四象限

第一象限，把注意力放在与自己相关性强且价值高的事情上面。比如，执行工作中的重要目标，提升工作中的必备技能。当我们的注意力放在第一象限时，会给我们带来能力与潜在收益的巨大提升。

第二象限，把注意力放在与自己相关性弱但价值高的事情上面。比如，做义工；在网上呼吁群众为灾区捐献等。当我们的注意力放在第二象限时，虽然给我们带来的功利化的收益较少，但是精神世界的满足较大。

第三象限，把注意力放在与自己相关性弱且价值低的事情上面。比如，讨论同事的私生活，在大街上围观吵架。当我们把注意力放在第三象限时，给自己和社会不仅不能带来正面价值，甚至可能是负面的影响。

第四象限，把注意力放在与自己相关性强但价值低的事情上面。比如，关注别人对自己的闲言碎语，与不适合的人在恋爱中纠缠。当我们把注意力放在第四象限时，会让我们被负面的因素所掣肘，而且这些因素往往带来心理层面的干扰，会让我们无法精力充沛地活在当下，从而无法把注意力聚焦在那些有价值且与自己相关性强的事物上。

所以，在我们做注意力管理时，就应当将当天的注意力分配情况进行分类，看看自己在这四个象限分别花了多久的时间。理想的情况是，绝大部分的注意力放在第一象限，少部分注意力放在第二象限，同时尽可能少地被第三第四象限的事物所干扰。

通过上述策略，我们可以更有效地管理自己的注意力，不仅能在工作和学习上取得更好的成绩，还能在忙碌的现代生活中找到平衡，享受更高质量的生活。注意力是我们最宝贵的资源，好好管理好它，会有意想不到的收获。

第四节　寻找标杆，构建个人能力成长图

标杆，即模范或典范，可以为我们提供明确的方向和实施的行动计划。通过学习那些在我们所追求领域内取得显著成就的人，我们可以更快地认识到自己的潜力和可能性，并制定适合自己的成长路径。

一、设定明确的个人能力成长目标

明确的目标不仅为我们提供了前进的方向，还能激励我们克服途中的挑战，持续不断地前进。

1. 认识自我

明确成长目标的第一步是深入了解自己。这包括认识到自己的优势、兴趣、价值观，以及个人的长期愿景。通过自我反思，可以发现自己真正热爱什么，哪些事情能让自己感到满足和有成就感。这些认识将成为设定目标的基础。本章第二节为大家详细分析了关于自我认知的内容，这里就不再赘述。

2. 设定 SMART 目标

SMART（具体性、可测量性、可达成性、相关性、时限性）是一种广泛应用于目标设定的准则。按照这一准则设定的目标，更容易被实现。

（1）具体性。目标需要清晰明确，避免模糊不清。

（2）可测量性。目标应有明确的衡量标准，以便能够追踪进度。

（3）可达成性。目标应是现实可行的，挑战自我，但也要考虑到实际情况。

（4）相关性。目标应与您的长期愿景和价值观相契合。

（5）时限性。为目标设定明确的时间框架，有助于提高执行力。

3. 将长期目标分解为若干个短期目标

长期目标虽然可以给我们带来方向，但有时也可能因其遥远而显得难以触及。将长期目标分解为若干个具体、可操作的短期目标，可以帮助我们一步步实现愿景。每完成一个短期目标，都是向最终目标迈进的一小步，同时也为我们带来了成就感和动力。

二、寻找标杆人物

在设定了明确的成长目标之后，寻找标杆人物成为了实现这些目标的重要一步。

标杆人物是指在我们选择的领域或行业内取得了显著成就的人。他们的经历、态度、工作方式和成功秘诀可以为我们提供宝贵的学习机会和灵感。

1. 明确寻找标杆的领域

根据自己的成长目标，确定自己想要学习和借鉴的领域。这个领域可以是特定的职业技能，比如编程、设计、营销等，也可以是更加抽象的能力，如领导力、公共演讲、时间管理等。

2. 识别标杆人物

一旦确定了领域，就可以开始寻找在这个领域内取得显著成就的标杆人物。识别标杆人物的方法以下：

（1）网络搜索。利用互联网搜索相关的行业领袖、专家或者成功人士。

（2）专业书籍和文章。阅读这个领域的经典书籍、杂志或在线文章等，通常这些资源会提及行业内的标杆人物。

（3）社交媒体和行业论坛。关注行业内的社交媒体账号和参加行业论坛，可以了解到哪些人在这个领域内有影响力。

3. 学习标杆人物的经历和方法

识别出标杆人物后，深入学习他们的经历、工作方法、思维方式和成功经验。学习标杆人物的方法以下：

（1）阅读传记和自传。许多成功人士都会出版个人传记或自传，这些书籍能够提供深刻的个人经历和心路历程。

（2）观看讲座和访谈。搜索标杆人物的公开讲座、演讲或访谈视频，这些内容通常会涵盖他们的职业哲学和实践经验。

（3）分析案例研究。寻找关于标杆人物的案例研究，分析他们如何处理特定的挑战和机遇。

4. 将学到的经验应用到实践中

仅仅学习标杆人物的经验是不够的，关键在于将学到的经验应用到自己的实践中。设定具体的行动计划，尝试模仿标杆人物的成功策略，同时根据自己的实际情况进行调整。在实践中不断反思和优化，从而不断提升自己。

5. 寻求反馈和指导

如果可能的话，尝试直接从标杆人物那里获得反馈或指导。可以通过社交媒体、专业网络或者行业活动来建立联系，向他们寻求建议和反馈。

三、分析标杆成功的关键因素

在学习标杆人物的过程中，分析他们成功的关键因素是至关重要的一步。这些因素不仅是他们达成目标的基石，也为我们自己的成长和成功提供了宝贵的参考。

1. 理解成功的定义

在分析之前，首先需要明确成功的定义。不同领域和不同个人对成功的定义可能各不相同。对于一位企业家而言，成功可能意味着创立一个市值数十亿元的公司，而对于一位艺术家来说，成功可能使他的作品得到公认和赞赏。因此，分析关键成功因素前，先明确标杆人物成功的具体表现。

2. 研究背景和历程

深入了解标杆人物的成长背景、职业历程，以及他们面临的挑战和机遇。这些背景信息可以帮助我们理解，他们是如何在特定的环境下，通过特定的行动实现成功的。这一步骤要求广泛阅读他们的自传、访谈记录，甚至是相关的评述和分析文章。

3. 识别行为模式和习惯

关注标杆人物的日常行为模式和习惯，尤其是那些对他们的成功有直接影响的习惯。比如，他们是否有定期反思和规划的习惯？他们是如何管理时间和精力的？他们面对失败和挑战时是怎样的态度？这些行为模式和习惯往往是支撑他们成功的不可或缺的部分。

4. 分析技能和能力

除了软技能外，硬技能和专业能力也是成功不可忽视的因素。尝试识别标杆人物在其成就中发挥了关键作用的技能和能力。这可能包括特定的专业知识、技术技能、领导力、公共演讲能力等。

5. 评估思维方式和哲学

标杆人物往往拥有独特的思维方式和生活哲学。他们是如何看待成功和失败的？他们对待挑战的态度是什么？他们的决策过程中有哪些值得学习的地方？这些思维方式和哲学是他们成功的重要组成部分。

6. 总结可应用的策略

基于对标杆人物成功关键因素的分析，总结出那些可以在自己的成长和职业发展中应用的策略和原则。记住，并非所有的成功因素都适用于每个人，关键是找到那些与您的目标和情境相匹配的因素，并加以适当地调整和应用。

通过上述分析，我们不仅能够深入理解标杆人物的成功之道，还能够从中提炼出对自己成长有价值的经验和教训。这个过程虽然需要时间和精力的投入，但收获的将是自己无价的成长资本。

四、制定个人能力成长学习成长图

通过上述方法的分析，我们基本就明确了自己成长的方向、策略和路径。这个时候，我们需要运用科学的流程和方法，构建个人能力成长学习成长图，并按图索骥，动态学习，朝着目标前进。这一过程帮助个人有方向地成长，流程涉及设定目标、识别所需技能、规划学习路径、执行计划，并进行定期的评估和调整。

1. 确认自己的成长目标

（1）长期目标。定义自己在职业和个人生活中的长期愿景。比如，成为某个领域的专家或实现某种生活状态。

（2）短期目标。将长期目标分解为一系列短期可实现的目标。这些目标是具体、可衡量的，并设定时间限制。

2. 识别关键知识和技能

基于我们的目标，列出实现这些目标所需的关键知识和技能。这些知识和技能可以包括专业技能、软技能（如沟通、团队合作、领导力），以及其他对达成目标有帮助的能力。

3. 规划学习路径

（1）资源收集。识别获取这些知识和技能的资源，包括书籍、在线课程、工作坊、导师等。

（2）时间规划。为每项技能的学习制定时间表。考虑现实生活中的时间和精力限制，合理安排学习的优先级和时间分配。

4. 执行和实践

根据规划的学习路径进行学习和实践。实践是检验学习成果的最佳方式，尽可能地将所学技能应用到工作和生活中。建立一个记录和跟踪系统，监控自己的学习进度和成果。

5. 寻求反馈和指导

寻找导师或同行。他们可以提供宝贵的反馈和指导。加入相关的社群和组织，与志同道合的人交流学习经验，共同成长，这样的学习效果更好。

6. 定期评估和调整

定期对个人能力成长图的进度进行评估，检查目标的实现情况和学习路径的有效性。根据评估结果调整目标和学习计划，灵活应对生活和职业中的变化。

通过以上步骤，我们可以为自己的成长和发展制定出一张清晰、实用的成长图。记住，成长是一个持续的过程，关键在于保持学习的热情，对目标的执着追求，以及对计划的不断评估和调整。随着时间的推移，我们会发现自己在不断地接近自己的目标，实现个人的成长和转变。

本章小结

在本章中，不仅展现了个人成长的多维度视角，还提供了一套具体、实用的提升个人能力成长的框架，鼓励每个人发掘内在潜力，实现自我超越。

1. 平凡人逆袭三部曲。着重于个人技能的识别和提升，指出成功的起点是认识并投资于自己的核心能力。通过明确的步骤指导我们如何将个人能力产品化，并有效地满足市场需求，利用杠杆进行放大，实现价值最大化。

2. 能力与性格的认知。强调深入了解自己的重要性，通过冰山素质模型帮助我们了解性格、优势、劣势和潜能。利用 DISC 性格测试工具，帮助我们更准确地定位自己，为后续与人打交道、个人成长和发展奠定基础。

3. 您的注意力到哪去了？提供了实用的注意力管理方法和技巧，帮助我们减少干扰，提高工作效率和学习效果，强调了注意力管理是实现个人目标必须重视的内容。

4. 寻找标杆构建个人能力成长图。通过分析成功标杆的案例，指导我们如何设置实际可行的成长目标，识别并学习标杆人物的成功因素，构建属于自己的成长路径和策略。

重构篇

通过重构篇，我们将探讨如何在职业倦怠和迷茫中找到新的出路，重新确立自己的价值观、规划自己的职业目标，调整自己的思维方式、获得新的活力和内生动力，从关键变量入手，运用解码工具全面地达成成长目标。

第三章　平凡中突破

从小到大，我们所有的经历阅历都会影响我们看待、判断和决策事物，同时，人生来趋利避害的本性总是在制约着我们突破思维的惰性。但各种不同文化随着社会的发展，从独立到融合，从无关到相互影响，创造出了很多优秀的理念、知识、方法。这对每一个平凡个体的突破成长都有非常重要的作用。

在本章中，我们将从不同的角度认识并定位了自己的角色，也对自己的性格及能力进行了测评及盘点，找到并制定了自己的成长图，但要成为超级个体这还远远不够。我们还需要进一步探索，寻找更好的方法去突破。

第一节　突破的两种思维

事实上，我们常常面对一个关键性的思想挑战，是顺应过去的经验教训，还是以未来的愿景指引现在的行动?

这两个不同的选择，其背后是两种完全不同的思维方式：一种是适应性思维；

另一种是创造性思维。它们也呈现出两种截然不同的路径：一种是以过去推导现在；另一种则是以未来推导现在。这两种思维方式，对个人成长、企业发展乃至社会进步，都具有极其深远的影响。

一、适应性思维

适应性思维，就像是过去的回声在浩瀚的时光河中逆流而上，试图通过解读过去的经验和教训来指导现在的决策。这种思维方式强调的是经验的积累和历史的重要性，它告诉我们，通过分析历史事件的成因和结果，我们可以为当前的问题找到解决之道。

在许多情况下，适应性思维确实能够帮助我们避免重蹈覆辙，减少错误的发生。比如，在传统企业管理中，通过总结过去的成功案例和失败教训，企业能够更加稳健地规划未来的经营策略。在个人成长上，通过回顾自己的经历，分析成功及失败的原因，也能帮助我们更好地规划个人发展路径。

然而，适应性思维也有其局限性，这就是它过分依赖历史经验，有时会让我们陷入过去的框架中，难以打破既有的思维定式，从而错失创新和变革的机会。特别是较容易陷入对现有资源或条件的依赖，不敢去挑战更大的可能性。

二、创造性思维

与适应性思维不同，创造性思维要求我们放眼未来，以未来可能出现的情况或想要达到的目标来引导现在的行动和决策。这种思维方式激励我们超越现状、勇于创新，不断去寻找破解难题的新方法。

创造性思维的魅力在于它的前瞻性和开放性。它不受过去经验束缚，更多地依赖于想象力和创新能力。在企业战略规划中，创造性思维能够帮助企业捕捉到未来的发展趋势，寻找机会，制定出领先一步的创新战略。在个人发展上，能够更有目标地规划学习成长路径，不断提升自己以适应未来的挑战。创造性思维方式不会被现在资源和现状的条件给制约，敢想敢干。

当然，创造性思维也不是万能的。它的挑战在于如何将未来的愿景转化为现实的可行性计划，以及如何在变革中控制风险并持续优化。

三、两种思维的融合

我们应该如何在适应性思维和创造性思维之间找到平衡呢？答案在于，将两者有效融合形成一种既能够吸取历史教训、又能够前瞻未来的复合型思维方式。

在复合型思维方式下，过去不再是简单的回顾，而是成了理解未来、创新变革的基石。未来则不再是遥不可及的想象，而是成为现在行动和决策的明灯。这种思维方式鼓励我们在尊重历史的同时，勇于探索和创新，用创造性的解决方案来应对未来的挑战。

在这个快速变化的世界里，只有复合型思维的企业经营管理者，才能在变化中立于不败之地。只有那些着眼于未来的长期主义个体，才能积极拥抱过去，但不被过去束缚，从过去的经历中吸取经验，预防风险；展望未来，但不被未来吓倒，敢于思考突破，主动为机会找资源方法，更好地适应不断变化的未来。

四、两种思维的应用

这两种思维就如一把双刃剑，有其好的一面，也有其不好的一面。准确地认识这些具体的细节，对于我们正确运用这两种思维为自己所用非常有必要。

1. 问题点

（1）适应性思维。观察周边的人，基本上都是用适应性思维在分析并处理问题，包括个人或组织制定目标，对目标达成的路径、方法等都是如此。首当其冲的都是依赖过去的经验、阅历来做决策。这样就很容易掉入传统的路径依赖中，无法实现创造性的突破。工作中典型的场景，如公司定目标一般都是依据往年的数据来制定下一年的目标，通常会适当地上浮。同时，对于这个目标的实施，也是依据公司现有的资源条件、团队的能力来制订计划，这样就会对当下现状的突破形成无形的限制。

（2）创造性思维。虽然创造性思维的人相对较少，但其实影响也不容小觑。创造性思维强调的是无中生有、敢于突破。但是如果没有科学的推演和设计，没有严谨的动态过程管理，就怕过度自信失去控制而造成更大的损失。我们见过不少胆子大、盲目自信、不顾一切往前冲，最后损失惨重的情况。

2. 机遇点

（1）适应性思维。以过去推导现在，根据过去的阅历、经验来吸取教训，正视短板。看清现有的资源能力，可以更客观地进行现状分析。

（2）创造性思维。以未来推导现在，可以根据某个行业未来发展的趋势来设计追求更大、更有挑战的目标，创造性思维要坚定地思考如何整合资源、寻找方法来达成目标。

3. 建议

合理地利用好这两种思维，可以更有效地突破当下的瓶颈。当我们无法突破现状时，我们不妨大胆一点，敢想敢做，运用创造性的思维来给自己设定一个有挑战性的目标，但一定要基于目标的达成来倒推我们需要什么样的资源，什么样的能力才可能达成。而我们现在处于什么状况下，需要如何去行动？

下面继续以我亲身经历为例。如果按照适应性思维，我应该就会被过去的工作内容、工作经验、资源等限制，就可能一直没有机会从事自己喜欢的事业。但是我当时给自己定下转型为企业管理咨询培训讲师这个目标的时候，其实也是逼了自己一把。记得当时给自己定了三年转型成功，并明确了收入的具体目标。说实话，当时内心也没有底。

所以，我基于目标开始思考和推演，需要用什么样的策略和路径才可能转型成功，需要整合什么样的资源才可能确保实现这个目标。不为成功找借口，只为成功找方法，我基于推演的路径设定了详细的长期行动计划和里程碑目标。一步一步地执行，并在过程中动态复盘和调整。我记得，其中有一个很重要的策略，就是要独立出版一本书。经过不断地探索，主动寻找各种资源和方法，克服了重重困难，最终成功地实现了自己的目标。

通过自己亲身经历的事实，特别是在现在这个自媒体发达的时代背景下，我对于创造性思维其实还是比较推荐的。有时候人就是需要给自己设定一个更大、更有挑战的目标，全力以赴创造性地寻找实现它的方法，结果也许真的就会有意外的惊喜。

正所谓，不对过去太依赖，敢想敢干找方法，主动出击寻资源，创造可能达目标。

第二节　培养成长心态

“人生不如意事十之八九”。有付出不一定有回报，可能付出了很多，迎接我们的还是一次又一次的失败。如何正确地看待失败与挑战，也是平凡人突破成长路上必过的关。在追求个人成长和突破的道路上，我们不可避免地会遇到失败和挑战。有句话是这么说的：“没有经历过失败的人生，是不完整的人生。”特别是在自己的认知、能力不够的情况下，失败也是大概率事件。

一、正确地看待失败

正确地看待失败，不仅是突破成长的必要步骤，也是个人发展的重要里程碑。面对失败，我们应该怀有一种成长心态，将失败视为前进的铺路石，而非绊脚石。

1. 失败是学习的机会

每一次失败中都蕴含着宝贵的经验和教训。而能够从失败中吸取教训，正是成长心态的体现。当我们面对失败时，首先要做的就是摆脱负面情绪，客观分析失败的原因：是策略不当、准备不足，还是执行力不够等。通过深入反思，我们可以找到改进的方向，避免未来重蹈覆辙。

2. 调整心态重新出发

面对失败，调整心态至关重要。保持积极乐观的心态，相信自己有能力战胜困难和挑战。记住，失败不是对个人价值的否定，而是个人成长过程中的一部分。我们要接受失败，拥抱失败，然后带着新的认识和策略，重新出发。

3. 建立长远视角

在失败面前，建立一个长远的视角对于保持动力和方向非常重要。将眼光放得更远，我们会发现，今天的失败在未来的大局中可能只是微不足道的一部分。拥有长远视角，可以帮助我们更好地理解失败的相对性，减少失败对当下情绪和自信心的影响。

4. 分享和寻求支持

与他人分享失败的经历，不仅可以获得宝贵的反馈和建议，还能从别人的建议中获得启发和鼓励。在逆境中，周围人的支持和理解是无价的财富。不要害怕在失败后寻求帮助，朋友和团队的力量可以帮助我们更快地从失败中恢复过来。

二、敢于接受挑战

挑战带来的不仅是临时的困难和不适，更重要的是它为我们提供了超越自我、实现潜能的机会。

1. 主动寻求挑战

不要等待挑战降临到我们身上，而是要主动寻求挑战。在职业生涯、学习路径或个人爱好中，找到推动我们走出舒适区、学习新技能或思考新观点的机会。主动寻求挑战，意味着我们已经迈出了成长的第一步。所谓做难而正确的事，其实就是主动寻求挑战。

2. 设定具有挑战性的目标

挑战性目标是那些看似难以达成，但又不是完全不可能实现的目标。这些目标能够激发我们的潜能，迫使我们寻找创新的解决方案，同时也能极大地提升我们的成就感。在设定目标时，确保目标既有挑战性，又符合实际情况，避免设定过高而无法实现的目标。设定挑战性目标有两个基本原则：一是要高于过去的自己；二是可以向自己的标杆看齐。

3. 看待挑战的正确态度

面对挑战时，保持正面积极的态度至关重要。如果没有挑战，意味着一直在低水平的状况下重复，这不利于打开自己的认知。将挑战视为一种机会，一种测试和提升自己的机会。当遇到困难时，不要立即寻求逃避，而是问自己："这个挑战能教给我什么？""我如何利用这个机会成长？"

4. 学会从失败中恢复

接受挑战，意味着必须接受失败的可能性。失败是个人成长过程中的一部分，关键在于我们如何从失败中恢复和总结。每当遇到挫折时，给自己一些时间来处理情绪，然后冷静分析失败的原因，总结经验教训，并重新出发。正所谓屡败屡战，越挫越勇。

5. 不断学习和适应

在行动中学习，在学习中行动。主动寻求挑战，往往要求我们学习新知识和新技能。保持开放和学习的心态，积极寻找学习资源和机会，不断提升自己，以便更好地应对挑战。同时，学会适应挑战所带来的变化，灵活调整自己的策略和方法。

三、人在事上练

个体的突破，人力资本增值很重要。我们经历这么多年的学习、生活和工作，可以很清晰地认知到：学习和实践是成长的两条腿，缺一不可。

1. 知识与思考的关系

知识的增长与我们自己深度思考问题的数量和难度是成正比的，如图 3-1 所示。

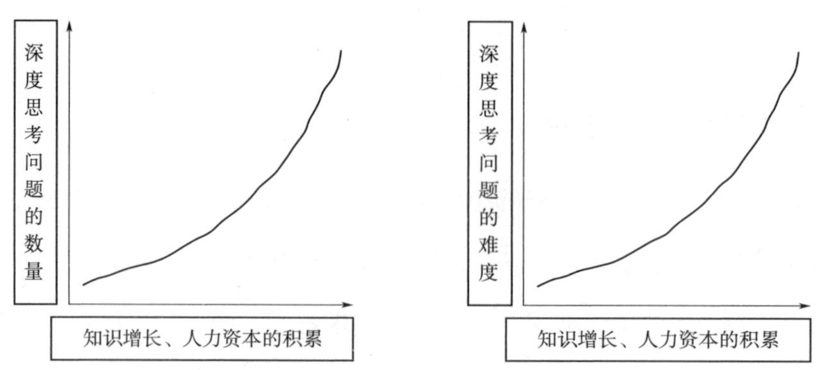

图 3-1　知识与思考的关系

读书或参加培训，是获得外部信息的途径，但能否快速、有效地转化为自己的知识？则与自己是否深度思考的数量和质量成正比。没有思考就无法消化；没有思考则没有质量与深度；没有思考就无法与自身相结合。特别是在遇到问题或挑战时，自己结合所学的知识进行深度思考，寻找解决办法，这是最好的提升能力的方式。一个会思考、善于分析的人，看问题的深度和广度必然也会更好。

2. 能力与解决问题的关系

能力的提升与我们自己亲自解决问题的数量和难度是成正比的，如下图 3-2 所示。

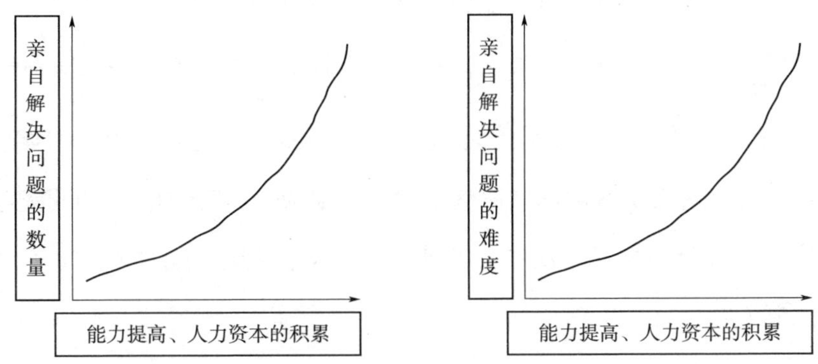

图 3-2　能力与解决问题的关系

事实上，我们解决各类问题过程中所收获到的经验、方法甚至资源，都会成为我们未来的人力资本，甚至是核心竞争力，让我们终身受用，而且很多人力资源会因为越用越熟，越用越值钱。

【案例】人在事上练。小刘是一家酒店的大厨，他在成为大厨之前，经历过很长时间的学习与历练。他给我讲述了他的一段经历，很好地诠释了人在事上练的真谛。

小刘从厨师学校毕业后，在一家酒店里当学徒。最初两年，他主要是做切菜、配菜、打荷等工作，偶尔有机会炒个员工餐菜。小刘人很勤快，爱钻研，嘴也甜，所以师傅也愿意教他，经常可以跟在师傅身边近距离学习一些招牌菜的烹饪。

小刘师傅有一道菜，是这家酒店的招牌，也是很多客人宴请时的必点菜。有一次，有客人招待其重要客户，点了这道菜，但师傅因为临时有急事外出不在。情急之下，酒店领导让小刘掌勺尝试烹饪。小刘在忐忑中接受了这个任务，虽然有师傅远程电话的指导，但比师傅亲自烹饪肯定还是有不小的差距。所以试了两次都没有成功，达不到酒店的出品要求。领导准备放弃算了，去向客户解释。这个时候，小刘主动开口争取请领导让自己再试一次，领导开始犹豫，毕竟原材料的成本也不低，还会影响客户的体验感。但是，小刘执意争取，并表示如果不成功，加上前两次的原材料成本一起，都可以自己来承担。最终领导同意了小刘的请求，小刘第三次尝试的结果达到了酒店的出品标准。小刘也因此完全掌握了这道招牌菜的烹饪要领。

试想一下，当时这就是摆在小刘面前的一个难题？如果小刘在一开始就选择推脱逃避的话，他会这么快掌握这道招牌菜的烹饪要领吗？又或是在中间遇到困境时，他没有主动积极地争取最后一次机会的话，是不是也会延长他掌握这道招牌菜的烹饪要领的时间？

再试想一下，如果小刘某一天离开了这家酒店，在他离开时，领导可以把他的工作服留住，而这道招牌菜的烹饪要领还能留得住吗？这道招牌菜的烹饪要领是不是已经成为小刘的人力资本，是不是可以伴随他一生并持续为他带来价值。

所以，人在事上练，人处理各种问题所收获的能力、技巧、方法、经验、资源等，都会转化为人力资本，并享用一生。

第三节　与危机的辩证关系

和失败一样，逆境也是人生中不可避免的。然而，正如中国古代的智慧所说“危机”二字中，既有“危险”也有“机遇”。这种危与机的辩证关系提醒我们，在逆境中往往蕴藏着转机和成长的可能性。理解并利用这一点，有可能让我们实现弯道超车。

危与机的辩证关系，如图 3-3 所示。当危机来临时，平庸的人看到的是危险，而优秀的人看到的是如何化危为机。

图 3-3　不同人眼中危与机的辩证关系

一、认识逆境中的机遇

逆境强迫我们走出舒适区，面对新的挑战和问题。在这一过程中，我们被迫地思考、学习和适应，这能够帮助我们提升个人能力，也能够为我们开辟新的路径提供机会。比如，一个职业挫折可能促使我们探索新的职业方向，从而发现更适合自己的工作；一个失败的项目可能激励我们找到更有效的解决方案，甚至开创新的业务领域。

二、逆向思维寻找机遇

面对逆境时，采用逆向思维寻找其中的机遇非常重要。问自己："这个挑战背后隐藏着什么机会？""我如何能从这个困境中获益？"通过逆向思维，我们能够从不同角度看待问题，从而发现别人未曾注意到的机遇。

三、转变视角重新定义逆境

改变我们对逆境的看法，将其视为成长和学习的机会，而非纯粹的阻碍或失败。当我们开始用成长的眼光看待逆境，我们的态度和反应也会随之改变，更加积极主动地面对危机和解决问题。

四、积极行动寻求转机

识别逆境中的机遇后，重要的是要采取积极的行动。无论是通过扩大知识面、学习新技能，还是通过网络和资源寻求帮助，积极的行动都是实现逆境转机的关键。不要害怕挫折和失败，因为每一次经历都是朝着远大目标迈进的一步。

五、从逆境中构建韧性

逆境不仅提供了危与机，也是构建个人韧性的良机。面对困难和挑战时所表现出的韧性，能够帮助我们在未来遇到更大挑战时保持坚韧和乐观。这种从逆境中构建的韧性是实现长期成功和幸福的关键因素之一。

通过理解和运用危与机的辩证关系，我们能够在逆境中发现并把握机遇，不仅能够克服了眼前的困难，也能够为个人的成长和成功奠定坚实的基础。在面对逆境时，需要谨记寻找机遇、转变视角，积极行动，构建韧性，最终有可能实现弯道超车。

给大家讲一下我的一个学员的例子：他就是在行业普遍看到危险的处理中，敏锐地捕捉到机会，实现弯道超车。

【案例】刘强是一位普通的健身馆老板，在2020年，他面临前所未有的挑战。随着全球范围的流感肆虐，所有的健身馆都被迫关闭门店，整个行业陷入了前所未有的危机。许多健身馆老板面对收入骤减，租金、员工工资等成本压力，感到前途渺茫，不知道如何是好。

然而，在这种窘境之下，刘强却选择了另一条道路。他没有被眼前的困境所吓倒，而是决定在危机中寻找转机。刘强注意到，虽然人们不能到健身馆锻炼，但他们对健康和健身的需求不仅没有减少，反而变得更加迫切。

于是，刘强迅速调整策略，开始探索线上健身课程。他利用社交媒体平台，开始提供在线健身指导和虚拟健身课程。这不仅为他的会员提供了继续锻炼的途径，也吸引了许多原本不是会员的人加入线上课程。

为了提升线上健身的体验，刘强投入资源研发了专门的健身App课件，提供个性化健身计划、饮食建议和健康管理。他还组织了线上健身挑战赛，激励人们在家也能保持积极的锻炼习惯。

在刘强的带领下，这家健身馆不仅成功转型，还实现了收入的稳定增长。更重要的是，通过这次危机，刘强的健身馆建立了强大的线上健身社区，增强了健身馆的品牌影响力，为未来的发展打下了坚实的基础。

刘强的例子证明了在看似绝望的逆境中，通过敏锐的洞察力和坚定的行动力，我们完全有能力找到成长和突破的机会。他不仅为自己的生意找到了一条生存和发展的新路，更为整个健身行业提供了一个值得借鉴的成功案例。

下面给大家分享几个危中找机的好办法：

（1）多学习。多读书，提升逻辑思维能力。多学习，多关注行业里专业的一些自媒体平台。总之，善于用学习来提升自己的思辨能力。

（2）多交流。多与有结果的人交流，多向行业大咖请教交流，多走出门接触更多的人和资源。深度交流、思想上的碰撞可能产生更多的灵感。多与实际客户交流，观察客户的消费痛点和更深的需求。

（3）多行动。有时候机会藏在行动的过程中。不行动，就遇不到机会的那个点上，很多机会就是需要行动，在行动中发现隐藏的机会。

第四节　信任、机会、结果三角模型

商业社会中，信任成了稀缺资源。它既是社会交往的基础，也是职场成功的关键。然而，信任的价值远不止于此。深入探究，我们会发现，信任、机会与结果之间存在着一种微妙而强大的循环关系。信任开启机会之门，机会转化为结果，而结果又反过来加强或削弱信任。这种相互作用不仅塑造了个人的职业生涯，也影响着组织的成长和发展。

信任是一种脆弱而宝贵的资产。在个人关系中，它需要用时间来建立，通过一言一行不断地积累。在职场环境中，信任的建立更是一项复杂而艰巨的任务，它要求领导者展现出一致性、可靠性和诚信。当存在信任时，人们愿意开放自己、分享想法、承担风险。在这种环境中，机会仿佛自动出现，创新和协作变得相对容易。团队成员间相信彼此，领导者信任下属，客户信赖品牌，每一层信任都为机会的实现铺平了道路。

然而，机会本身并不自动转化为结果。它需要被识别、被把握，更重要的是，它需要通过具体的行动来实现。这个过程中，信任再次起到了关键作用。它促进了信息的流通，加快了决策的速度，减少了监督的成本。人们因为信任而更愿意投入时间和精力，共同努力将机会转化为实际的成果。

结果，无论是成功还是失败，都会对信任产生影响。成功的项目、完成的目标、超越的期望，这些积极的结果能够加强彼此间的信任，创建更加紧密的合作关系，为未来的机会奠定基础。反之，未达到的目标、失败的项目则可能削弱彼此间的信任，但这不是终点。通过正确的分析和反思，即便是失败也可以成为重建信任、学习成长的契机。

信任—机会—结果三角模型，如图 3-4 所示。

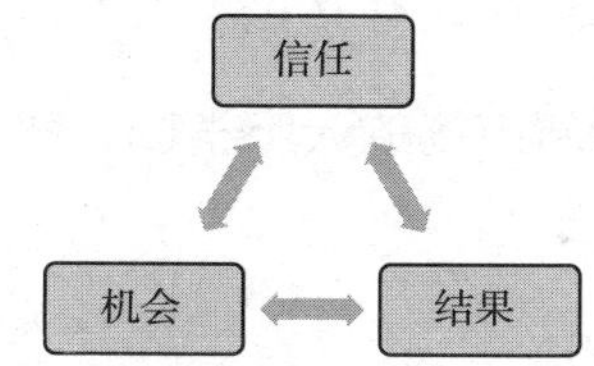

图 3-4　信任—机会—结果三角模型

下面我们将深入探讨信任、机会与结果之间的这一循环关系。我们会看到，通过培养信任，我们不仅能够开启更多的机会，还能够通过实现这些机会中的结果来加强信任，从而创建一个正向的增长循环。这不仅适用于个人的职业发展、团队的协作，也同样适用于组织的成长。

一、信任的力量

信任的力量，无形但强大，它既是社交纽带的基石，也是职场成功的秘诀。在深入探索信任、机会、结果之间的循环往复中，我们发现信任不仅能够开启机会之门，更能够激发潜能，实现个人与集体的飞跃。

1. 信任的本质与价值

简单来说，信任是对某人或某事的坚定信念，相信会按彼此期望的方式行事。在个人关系中，这种信念基于对他人性格和行为的了解。在职场环境中，信任则建立在专业能力、可靠性和诚信之上。信任的价值体现在多个层面：它能促进合作，降低交易成本，提高工作效率，还能增强团队的凝聚力和创造力。

2. 信任如何开启机会之门

在组织和团队中，领导者与员工之间、同事之间乃至公司与客户之间的信任，都能够创造出巨大的价值。信任鼓励开放沟通，使得信息自由流动，创意和建议得以自由表达，从而孕育出创新的思想和解决方案。当人们相信彼此，他们更愿意共享资源，共担风险，共享成功。在这种文化氛围下，机会自然而然地出现，无论是解决问题的新方法，还是探索新市场的大胆尝试。彼此信任的团队，其凝聚力和战斗力值都是拉满的。

3. 信任的培养与维护

然而，信任并非一蹴而就，它需要时间来培养，需要事件来实现，需要努力来维护。在职场中，这意味着领导者需要通过一贯的公正、透明和诚信行为来树立信任，同事间则通过尊重、倾听和支持来加深彼此的信任。当然，定期的团队建设活动和开放的沟通渠道也是培养信任的有效途径。最重要的是，每个人都要认识到，信任是双向的，它既是给予的，也是获得的。

总之，信任的力量是无法估量的。它不仅是人际关系的润滑剂，也是职场成功的加速器。通过培养和维护信任，我们能够在职场上开启更多的机会。

二、机会的转化

在分析信任与结果之间相互作用的循环中，机会的转化扮演了核心角色，它是连接信任与成果的桥梁。理解和把握如何将由信任所带来的机会转化为实际的成果，对于个人的职业发展和组织的持续增长至关重要。

下面与大家深入探讨机会的转化过程，分析如何有效利用信任带来的机会，以及如何确保这些机会能够转化为有形的成果。

1. 机会的识别与把握

机会往往出现在不经意处，但只有那些准备好的人才能够识别并把握它。在高信任的环境中，人们更愿意分享信息和资源，这种开放和协作的文化氛围便成了机会涌现的沃土。因此，第一步是要建立一种敏感性，对于环境变化和内部动态保持高度的警觉，这样才能在众多可能中发现真正的机会。一旦识别到机会，第二步就是要把握它。这往往需要快速地决策和行动。在这个过程中，之前建立的信任基础变得尤为重要。因为信任减少了彼此对风险的恐惧，使得个人和团队更有勇气去尝试新的事物，即使这意味着可能会遇到失败。

2. 机会转化为结果的策略

将机会转化为结果，需要明确的战略和行动计划。这包括对目标的明确定义、对所需资源的准确评估，以及对实施步骤的详细规划。在这个过程中，以下几点至关重要：

（1）目标明确。设定清晰、可衡量的目标，确保每个参与者都对最终希望达成的结果有一个共同的理解。

（2）资源配置。根据目标需要，合理配置人力、物力和财力资源。在高信任的环境中，资源的共享和优化配置更为顺畅。

（3）行动执行。制订详细的行动计划，并快速执行。保持计划的灵活性，根据实际情况及时调整，以应对不可预见的挑战。

（4）团队协作。鼓励团队成员之间的沟通和协作。信任促进了更高效的团队工作，每个成员都能在相互尊重和支持的环境中发挥最佳。

3. 结果的监测与反馈

机会转化为结果的过程中，持续的监测和反馈是不可或缺的。这不仅能够确保项目按计划进行，也能够在第一时间发现问题和偏差，并及时进行调整。有效的监测和反馈机制建立在信任的基础之上，鼓励诚实和开放的交流，即使是对项目不利的信息也能够被及时共享和处理。

4. 从结果中学习

每一次机会转化的尝试，无论成功与否，都是学习和成长的机会。成功的项目验证了我们的策略和执行能力，而未能达到预期的项目则提供了重新评估和改进的机会。在这个过程中，建立在信任之上的文化鼓励我们从每次尝试中吸取教训，无论结果如何都能加强团队的凝聚力和信任基础。

我们看到了信任是如何为机会的转化铺平道路，以及如何通过策略性的行动将这些机会转化为具体的成果。机会的转化不是偶然事件，而是需要精心规划和协调的执行过程。当然，在这一过程中，信任的力量不容忽视，它不仅是成功转化机会的催化剂，也是维系团队协作、驱动持续成长的关键要素。

三、结果的反馈

在信任、机会与结果这一循环中，结果的反馈环节起到了至关重要的作用。它不仅是整个过程的收官阶段，更是新一轮循环开始的关键点。结果无论好坏，都将以某种形式影响之前建立的信任，从而对未来的机会产生直接影响。深入探讨结果的反馈如何作用于信任与机会的循环，对于个人成长、团队发展乃至组织的成功至关重要。

1. 结果的双重作用

结果的反馈在循环中有着双重作用：一方面，它是对过去行动的总结，为个人或团队提供了学习和成长的机会；另一方面，它也是未来行动的基石，对信任的强化或削弱将直接影响到下一轮机会的产生和把握。

2. 积极结果的强化作用

当结果为正面时，它不仅验证了个人或团队的能力，也增强了相互之间的信任。

成功的项目和达成的目标成了团队信任的加固砖块，每一块都为未来的合作奠定了更坚实的基础。在这种环境下，人们更愿意共享信息、资源，更有动力参与到新的挑战中，因为他们信任团队能够再次取得成功。比如：

（1）分享成功故事。积极结果的分享对于团队士气和信任建设尤为重要。它不仅能激励团队成员，还能吸引更多的外部关注和信任。

（2）庆祝成就。对成功的认可和庆祝是信任和团队凝聚力的重要来源。它表明了团队的努力被看见和赏识，从而增强了团队的向心力和信任感。

3. 消极结果的反思与学习

与积极结果相反，消极结果带来的挑战更加复杂。它可能暂时削弱信任，但也提供了重要的反思和学习机会。比如：

（1）开放讨论失败。创建一个安全的环境，鼓励大家开放讨论失败的原因，而不是寻找替罪羊。这种文化能够促进个体从错误中学习，避免未来重蹈覆辙。

（2）从失败中学习。将失败视为成长的机会，重点关注从中可以学到的教训，而不是停留在失败本身。这种做法能够帮助团队和个体保持积极向上的态度，即使在逆境中也能保持信任和合作。

（3）调整与改进。基于失败的反馈，制订具体的改进计划。这显示了组织和个人对于不断改进和追求卓越的承诺，有助于恢复和加强信任。

4. 结果反馈的持续循环

无论结果如何，反馈都应该被视为一个持续的过程，而非单次事件。通过定期的评估和反思，可以确保团队持续进步，信任得以加强。此外，这也为下一轮机会的识别和把握提供了更坚实的基础。

总之，结果的反馈是信任与机会循环的关键环节。它不仅是过去行动的总结，更是未来成功的基石。通过正确处理积极与消极的结果，我们可以提升信任，提高团队的凝聚力和效率，从而为未来把握更多的机会，实现更好的成果。在这一过程中，开放的沟通、积极的态度和持续的学习是维持和增强信任的重要元素。通过建立这样一个积极反馈的循环，无论是个人还是组织都将站在成功的前沿，不断前进。

四、循环往复

信任、机会与结果构成了一个不断循环的动态系统。这一系统不仅驱动持续的进步和创新，也是建立和维护强大关系网络的基石。

1. 信任：循环的动力

在个人层面，信任源于对他人的认识、理解和相互尊重；在组织层面，它建立在共享的价值观、明确的沟通和公平的决策过程之上。信任促进了开放、坦诚的交流，为创新和协作创造了肥沃的土壤。当人们相信彼此，他们更愿意彼此共享资源、承担风险，并支持新的想法，从而为机会的产生和利用奠定了基础。

2. 机会：循环的桥梁

由信任催生的机会，是连接过去和未来的桥梁。在高信任的环境中，个人和团队更容易识别和把握机会，因为他们不受过度的怀疑和恐惧的束缚。机会可能呈现为新的市场趋势、技术革新或是解决旧问题的新方法。关键在于如何将这些机会转化为具体的行动和结果。这需要快速的决策、灵活的执行和不断地创新。在这个过程中，信任降低了合作的成本，加速了实施速度，使得机会转化为结果成为可能。

3. 结果：循环地验证

结果是循环中的关键输出，它验证了之前决策和行动的正确性。积极的结果增强了团队的自信心，加深了相互之间的信任。即便是未达预期的结果，只要正确处理，也能成为学习和成长的宝贵机会，为未来的成功铺平道路。结果的反馈环节强调了诚实、开放和学习的重要性。通过分享成就、讨论失败、总结经验，团队能够从每一次尝试中学习到宝贵的教训，为下一轮循环做好准备。

4. 循环往复：持续的动态过程

信任、机会、结果的循环是一个持续的动态过程。每一轮循环都在原有基础上进一步增强了信任，拓宽了机会，提高了实现积极结果的概率。这一过程不仅适用于个人层面的成长和发展，也适用于组织层面的战略规划和执行。在这个循环中，持续的学习和适应是成功的关键。无论是个人还是组织，都需要不断地调整策略，优化执行，以适应不断变化的环境。

总之，信任、机会、结果构成的循环是个人成长和组织发展的核心动力。也是与外部客户合作的成功密码。这一循环强调了信任的重要性，它不仅是成功合作的基础，也是开启和利用机会的关键。

五、重视结果

无论是在公司里与领导、同事协作，还是与外部客户合作中，都要养成一种重视结果的思维习惯。

这里所指的结果，是指给对方他想要的结果，而不是给自己想给的结果。凡事，我们都先想清楚，搞明白，对方和我合作，他想要的结果是什么？基于对方想要的结果去行动，会事半功倍，效果翻倍。比如，领导经常会布置一些工作给我们，为了体现执行力超强，接受完安排以后，我们马上就会去行动。但有时我们有可能发现自己做错了，搞偏了，产生的结果并不是领导想要的。这个时候就非常尴尬，挨批事小，失去信任事就大了。所以，真正强的执行力，并不是立刻马上行动，而是搞清楚对方的意图和目标以后，再立刻行动。

所以，执行任何事情前，建议先花几分钟时间，好好思考一下对方想要的结果是什么？

给对方想要的结果，获得更多信任，需要遵循以下原则：

（1）底线原则。并不是所有的工作从一开始就能确定性地可以给到对方想要的结果。所以，我们一定要搞清楚，这件事情的底线是什么？如果完美的结果无法提供，那最起码也要保住底线。

（2）超预期原则。实际上，从人性的角度来看，人都是有欲望、有需求的，都喜欢被尊重，希望自己的价值得到认可。所以，如果我们提交的结果能够超越对方的预期，对方就会充满惊喜。信任也就随之而来。

总之，结果是换取回报的最佳筹码，结果可以改变命运。掌握信任—机会—结果三角模型这个密码，应用到行动中，就会发现我们的职业发展一路顺风又顺水。

第五节　闭环思维成就靠谱之人

靠谱之人以其可靠性、责任感和高效的执行力可赢得周围人的信赖与尊敬。然而，这些特质并非天生就有，它们需要通过持续地自我提升和精心培养而来。在这个过程中，闭环思维显得尤为重要。它不仅是一种高效解决问题和做出决策的思考模式，更是通向靠谱之路的关键所在。

闭环思维是一个涵盖计划、执行、评估和调整四个阶段的循环过程。它教会我们如何从行动中学习，如何根据反馈进行调整，确保我们不断向着既定目标前进。这种思维方式强调的是一个持续的学习和改进过程，它要求我们在面对挑战和失败时保持开放性和适应性，从每一次尝试中吸取教训，不断提升自己。

通过实践闭环思维，我们可以更加有效地达成目标，解决问题，同时，也能够在这一过程中构建和维护信任，成为那个在任何情况下都能够被依赖的靠谱之人。

一、闭环思维

闭环思维是一种系统性的思考和行动模式，它强调在任何决策或行动后都要进行评估和调整，以确保持续地改进和优化。

1. 闭环思维的基本原理

闭环思维包含四个基本阶段：计划、执行、评估、调整。这四个阶段形成了一个闭环，确保我们能够从经验中学习，并持续改进自己的行动。

（1）计划。这一阶段涉及设定目标和制订达成这些目标的策略。明确的目标是成功的起点，而有效的策略则是实现这些目标的蓝图。在这个过程中，思考潜在的挑战和资源的分配至关重要。

（2）执行。计划制订之后，接下来的步骤是将其转化为具体行动。这要求我们具备良好的执行力，能够按照既定的计划行事，同时也需要足够的灵活性来应对计划外的情况。

（3）评估。行动之后，需要对所采取的行动及其结果进行评估。这一过程不仅包括对成果的量化分析，还包括对整个执行过程的反思，以识别成功的要素和可能的失误。

（4）调整。基于评估的结果，对原有的计划和策略进行必要的调整。这可能意味着改变方法、重新分配资源或是设定新的目标。调整确保我们能够从经验中学习，并在下一次循环中做得更好。

2. 闭环思维的应用价值

闭环思维的应用跨越了个人和职业的各个领域，从个人生活的小决定到组织的战略规划都可以从中受益。

（1）个人发展。在个人层面，闭环思维鼓励我们对自己的行为和决策进行反思和调整，帮助我们成为更有自知之明、更能自我驱动的人。它让我们在面对失败和挑战时，能够以建设性的方式学习和成长。

（2）职业生涯。在职业发展中，闭环思维使我们能够有效地识别自己的强项和弱点，优化工作表现，提高职业竞争力。同时，它也帮助我们建立起解决复杂问题的能力，成为团队中不可或缺的靠谱成员。

（3）组织管理。对于组织而言，闭环思维促进了更高效的决策过程和资源分配。它通过确保持续地反馈和改进循环，帮助组织适应外部环境的变化，驱动创新和持续发展。

二、闭环思维与靠谱之人的内在联系

靠谱之人以其可靠性、责任感和执行力赢得了周围人的信任和尊重，而闭环思维作为一种系统化的思考和行动模式，为个人成为靠谱之人提供了一条清晰的路径。

1. 计划与责任感

靠谱之人以其对承诺的坚守而著称。在闭环思维的计划阶段，通过设定具体、可实现的目标，个体展现了对自我和他人的责任感。这种责任感不仅体现在对结果的追求上，也体现在整个计划过程的严谨性上。靠谱之人通过精心的计划，确保了他们的承诺是基于实际情况和合理预期的。

2. 执行与可靠性

靠谱之人的可靠性体现在他们的执行力上。闭环思维的执行阶段要求个体将计划转化为行动，这正是靠谱之人所擅长的。他们不仅言出必行，而且能够在执行过程中保持高效和专注。通过持续地执行，靠谱之人赢得了他人的信任和尊重，成为团队中不可或缺的一员。

3. 评估与自我提升

在闭环思维的评估阶段，通过对行动结果的评估，个体能够识别自己的强项和弱点。靠谱之人在这一过程中展现出了开放和自我反思的品质。他们愿意接受反馈，即使是负面的也视之为成长的机会。这种不断求知和自我提升的态度，是靠谱之人区别于他人的重要特质。

4. 调整与灵活性

在闭环思维的调整阶段，靠谱之人根据评估结果进行必要的调整。这一过程要求个体具备灵活性和适应性，能够快速响应变化。靠谱之人在这里表现出了他们解决问题的能力，通过有效的调整，确保能够继续前进，实现目标。

总之，闭环思维与成为靠谱之人之间存在着密切的联系。通过实践闭环思维，个体不仅能够提升自己的责任感、可靠性、自我提升能力和灵活性，还能够在不断地学习和成长中，成为一个真正靠谱之人。通过这种持续的循环过程，我们不仅能够实现自己的目标，还能够在这一过程中建立起强大的信任关系，为我们的职业生涯和个人发展铺平道路。

三、靠谱之人在工作中的闭环表现

成为一个靠谱之人意味着我们成了同事和领导心中可信赖的标杆。靠谱之人以其在工作中的优秀表现而著称，他们不仅事事有回应、件件有着落，还主动反馈，具备强烈的补位意识，这四个特质让他们在任何团队中都成了不可或缺的一员。

1. 善沟通

靠谱之人懂得沟通的艺术，面对工作任务，他们总是及时回应，无论是接到新任务，还是在项目中遇到挑战，他们总能给出反馈，确保所有相关方都清楚当前的进展。这种事事有回应的态度，减少了团队中的不确定性，提高了整体的工作效率。

2. 有结果

靠谱之人总能确保工作件件有着落，他们不仅关注任务的开始，更注重任务的完成。在他们手中，每一个任务都能得到妥善处理，每一个细节都被考虑周到。他们通过自己的努力和承诺，确保每一个交付的质量和时效性，赢得了同事和领导的广泛赞誉。

3. 会反馈

主动反馈是靠谱之人的又一显著特点，他们不等待被问询，而是主动更新工作进展，分享成功经验，甚至是失败教训。这种主动性不仅增强了团队的透明度，也促进了知识的共享和团队成员间的学习。

4. 能补位

在团队合作中，靠谱之人展现出强烈的补位意识。他们能够敏锐地察觉团队中的空缺和需要，主动承担额外的职责，确保团队的整体表现不受影响。这种无私的精神和对团队成功的承诺，使得靠谱之人成了团队中的核心力量。

四、什么样的职场人是靠谱的呢

什么样的职场人是靠谱的呢？其实，积极主动、情商高这些并不是靠谱之人的关键特质，最关键的特质是做事情是否有结果。

职场上有两种人：一种是做事有结果的人；另一种是做事没结果的人。做事有结果的人在工作中一定会给我们一个明确的交代，帮助我们解决问题，让我们安心；做事没有结果的人，很多事不了了之，没有下文，是那种让我们不放心的人。前者我们会很放心地把事情交给他，对于他的事情我们也会上心；后者总会让我们觉得不怎么靠谱，对他做的事情也不会寄予太大的希望。

【案例】有一次，我和同事一起去深圳开会，主办方安排我做开场演讲。我在候场的时候，就觉得会场很热，很多人都已经汗流浃背，坐立不安。可见，这样的状态下，观众的体验感肯定不会好。我找到会场工作人员问他们现场为什么这么热，能不能把温度降低一些。没过几分钟，工作人员告诉我，因为大厅的空调太少，温度无法再降低了。

我虽然不知道他是怎么得出这个结论的，也许是问了其他的工作人员，也许是随口应付我，但是，他显然忘记了我期待的结果。我需要的是把温度降低，最终他给了我一个温度不能降低的解释，同时向我暗示：这件事他也没办法解决——这就是做事没结果的人。

这样的人在工作中我见过太多了，同事和领导交办一件事，发现事情有点难度，或者有些工作不是自己的职责，于是就找个借口，不了了之了。

我找到当时在会场的同事，说温度太高了，让他去看看怎么回事。很快他回来告诉我，是因为门窗没关好，空调也没有调到最大功率，所以会场很热，这个问题他已经让会务组去解决了。

我的这位同事就是工作中靠谱之人，他做事就有结果。其实，我当时就在想，这么专业的会场，不可能少安装了空调，一定有其他的原因，也应该能够解决，结果果然如我所料。

相信我们在工作和生活中都有这样的体会，当我们遇到做事认真的人，我们也会认真对待他的事。如果我们自己成为一个靠谱之人，那么身边的人也会更加积极地配合我们，我们自然就在工作中更有影响力。

怎么让我们在工作中更加靠谱呢？很简单，就是做到以下几点：

（1）提前沟通。提前沟通，是确保一件事能够顺利完成的重要方法。您知道怎么邀请一个业界“大咖”来参加您的活动吗？通常情况下，“大咖”是很难请的，但是聪明的机构有一个办法，那就是提前一年去预约，通常“大咖”觉得这件事还有那么久，就先答应下来，到时候总会有时间的。

这些机构还会每隔几个月就提醒“大咖”一次，“大咖”慢慢就会越来越重视这件事了，会提前把别的事情安排好，以便参加活动。明白了这一点，我们就能对同事和领导施加影响力，让他们配合我们的工作。提前沟通，给对方的缓冲时间越长，提醒对方的次数越多，对方就越重视这件事。

很多人之所以找人配合工作总是不顺利，推进起来费心费力，就是因为总是事到临头才去沟通，把麻烦丢给了对方，结果对方也有自己的事，自然就不太愿意帮忙了。反过来我们还觉得同事不体谅我们，导致人际关系越来越紧张。

所以，要让自己做事靠谱，提前沟通、多次沟通是非常好的习惯。

（2）及时反馈。工作中我们反馈别人的速度，就是我们靠谱的程度。靠谱之人一定会及时反馈，哪怕问题暂时解决不了，也会给出答复和接下来的安排。而不靠谱之人则是能拖就拖，最后满心不情愿地去面对，结果还丢三落四。

【案例】我曾经有一位学员就犯过这种错误，她是一名客户经理，客户公司的领导对她们的产品表示有一些不满，按照规定，她应该主动和对方领导沟通，询问具体问题，尽快解决问题。但是她内心有些害怕，不知道怎么沟通，恰好那一周事情多，她耽误了一周之后才去沟通。没想到对方公司的领导出国休假了，一去就是半个月。结果二十天过去了，再去找对方公司领导谈这件事就很尴尬了，对方领导肯定不会忘了这件事，但是也没有心思再去谈了。这很影响对方领导对她的印象，会觉得她工作不够积极，不重视他。

很多人在工作中怕麻烦，觉得越早沟通事情越多，所以内心总是不愿意面对，想着先去办别的事情，有意无意地就把这些事情就给耽误了。但事实上，工作中越怕麻烦，麻烦就更多；不怕麻烦，把问题解决了，麻烦才会消失，这才是靠谱。所以，及时反馈非常重要。

（3）有始有终。靠谱之人一定会把一件事情画上一个句号；不靠谱之人总想把事情画上一个省略号，最终不了了之。我们让别人帮忙，常常别人帮完之后，我们就把那些参与的人给忘记了。慢慢地，别人对我们的事情就没有了参与感，以后也不会对我们的事情上心了。

做到有始有终，试着学会说这样的话："小董，我们的项目结束啦，虽然没有达到预期的效果，但是积累了很多的经验，感谢您的付出，您的认真负责让我印象深刻，接下来我们一起再接再厉！""王哥，我们的方案通过了，感谢您提供的资料，您最靠谱了！""张老师，这次合作我收获很多，感谢您的包容，从您身上学到很多，尤其是对学员的关心和体贴，希望有幸下次继续和您合作。"工作中能有这样的习惯，谁会不喜欢您呢？您提出的建议和请求谁会不重视呢？这就是靠谱带来的影响力。

（4）超预期交付。有这么一句话："您有您的逻辑，世界另有逻辑。"我们自己的逻辑是：做自己喜欢的事情，做自己擅长的事情，做自己认为重要的事情，认为只要做好了这些事情，别人就会认可我们，我们就会更成功。然而，这个世界的逻辑是，您能够为大家创造更大的价值，大家就会给您更多的机会。在工作中，需要的是您能为大家交出超预期的好结果。

其实，行胜于言，就是超预期交付。无论是不是自己选择的事情，只要做了，就要做到超出别人的预期，给别人惊喜，让别人看到我们的实力。最终获得别人的信赖，收获更大的影响力，拥有更多的机会。可惜很多人不明白这个道理，总会有各种理由不去做好眼前的事情。比如，这件事自己不喜欢，和自己无关，自己本来就不想干，是别人让我们做的，或者有各种困难，觉得特别麻烦。总之，让我们有借口为交出不理想的结果做解释。

我们在工作中不能只埋头苦干，或者等待让自己一鸣惊人的机会降临，正确的做法是抓住每一次机会，持续超预期交付自己的工作，请教身边的同事、领导、合作伙伴，释放自己能够为大家带来更多价值的信号，逐渐为自己创造出更多的机会。

如何做到超预期交付呢？有两个重要的超预期交付的方法：一是超出对方的预期完成任务；二是超出自己上一次的表现完成任务。我们做任何一件事情都是带着一定的预期的，比如，我们打算去某一家餐馆吃饭，您在某款 App 上看到了这家店的介绍，觉得还不错，于是就有了一个基本的预期。餐馆满足了您的预期顶多算是合格，您不会有额外的感受。但如果某一道菜的味道远远超出您的预期；如果饭馆装修独特，服务也很贴心；如果再额外附赠一个果盘，果品配得又非常用心，这就会形成超预期的用餐感受。如果是这样，这家餐厅在我们心中就有了口碑，我们下次还会愿意去，还会推荐朋友去，这就是超预期交付带来的影响力。

我们在经营自己的影响力时就像经营一家餐厅，身边的同事和领导交代我们一项工作就是在体验我们的服务。如果我们的态度差，交出的结果也不好，他们虽然嘴上不说，但心里会降低对我们的预期，就不会将重要的工作、更好的机会给我们，我们的影响力自然越来越小，机会也越来越少。

超出别人的预期并不容易，我们可以转变一下思路，那就是超出自己上一次的表现交付结果。毕竟我们能力有限，需要完成的任务也确实比较难，但是没关系，只要我们的表现比上一次好就行。

靠谱，意味着让人省时、省力、省心。这不正是我们所期待的吗？所以，靠谱之人，走到哪里都受欢迎。

第六节　结构化思维与表达

任何事物都有结构。因为有了结构，让事情变得简单。近年来，在培训辅导学员中我发现一种现象，拥有高效的思考和表达能力成了区分杰出职场人士与平庸之辈的关键。

一、结构化思维与表达的价值

结构化思维与表达，不仅能够帮助个人准确捕捉并分析信息，还能使其在沟通时更加清晰有力。这不仅仅是一项技能的培养，更是一种思维方式的转变，它要求我们在面对复杂问题时能够条理清晰地思考，同时也能够有效地将自己的想法传达给他人。

结构化思维的核心在于它提供了一种系统性的方法来分析处理信息和解决问题。它教会我们如何将庞大复杂的信息分解为更小、更易管理的单元，然后通过逻辑的推理，逐步构建起解决问题的框架。这种方法不仅提高了我们分析问题的效率，也增强了我们对问题本质的理解深度。在职场中，无论是制订战略规划、优化工作流程，还是进行项目管理，又或是汇报沟通、高效开会，结构化思维都是不可或缺的工具。

而结构化表达，则是结构化思维的自然延伸。它关注的是如何将我们的思考以清晰、有逻辑的方式表达出来。在日常工作中，无论是书面报告、演讲还是普通的会议讨论，结构化的表达方式都能帮助我们的观点更加直击要害，更易于被理解和接受。特别是在需要说服他人或是阐述复杂概念时，结构化表达的重要性更是不言而喻。

然而，尽管结构化思维与表达的价值被广泛认可，真正能够熟练运用这两种技能的职场人士却并不多见。这是因为，与其他技能相比，结构化思维与表达更多地涉及思维习惯的改变，这需要时间、耐心，以及持续的实践。而本节的内容，正是为那些渴望在职场中脱颖而出的人提供一条清晰的脉络，通过结构化思维与表达的原理、方法和实践策略，帮助读者逐步掌握这一强大的实用工具。

二、结构化思维的方法与工具

下面将探讨职场中几种常见的结构化思维的方法和工具，这些方法可以帮助我们更加系统地分析问题、制订计划，并清晰、有逻辑地表达自己的想法。

1.SWOT 分析

SWOT（优势、劣势、机会、威胁）分析是行之有效的战略分析工具，它是检查个人的技能、能力、职业、喜好和职业机会的有效工具，利用这种方法可以找出对自己有利的、值得发扬的优势和机会，以及对自己不利的、要避开的劣势和威胁，即发现存在的问题，找出解决办法，并明确以后的发展方向。通过 SWOT 分析，可以帮助个人进行自我分析，准确职业定位，科学规划职业生涯和发展。

SWOT 分析主要用来分析组织内部的优势与劣势，以及外部环境的机会与威胁，其中 SWOT 矩阵提供了四种组织发展战略备选，即 SO 增长型战略、ST 多元化战略、WO 扭转型战略和 WT 防御型战略，如图 3-5 所示。

	优势（S） S1： S2： S3： S4： S5： S6： S7：	劣势（W） W1： W2： W3： W4： W5： W6： W7：
机会（O） O1： O2： O3： O4： O5： O6： O7：	SO增长型战略	WO扭转型战略
威胁（T） T1： T2： T3： T4： T5： T6： T7：	ST多元化战略	WT防御型战略

图 3-5　SWOT 矩阵

SO 增长型战略（优势机会战略）是最理想的战略，即抓住了外部机会，同时又利用了自身内部的优势。面对自身的劣势，要努力克服，面对外部的威胁要泰然处之，以便能够将精力集中在机会上。

ST 多元化战略（优势威胁战略）是利用扩大自身的优势来减少外部带来威胁的可能性。根据自身优势，合理安排资源，以对付外部环境所带来的威胁，目的是将组织优势扩大到最大限度，把威胁减少到最低限度。

WO 扭转型战略（劣势机会战略）是一种内外取向兼顾的战略，该战略力图使自身的劣势降到最低，扭转自身的劣势，同时使外部的环境机会增加到最大，克服自身的弱点以寻求发展的机会。

WT 防御型战略（劣势威胁战略）是一种应对危机及威胁的战略，通过制订调整计划来克服内在劣势，同时回避外在的威胁。这是一种相对比较保守的，防御型的战略选择。

2.SMART 目标

SMART（具体性、可测量性、可达成性、相关性、时限性）目标是一种目标设定的方法，确保目标的实现。通过使用 SMART 原则，可以清晰地定义我们的目标，并制订出实现这些目标的具体计划和步骤。

3.PDCA 循环

PDCA（计划、执行、检查、行动）循环是一种迭代的管理方法，用于控制和持续改进过程和产品。它鼓励我们在执行任何计划之前进行详细的规划，在执行后进行评估，并根据评估结果进行调整。通过使用 PDCA 循环，我们可以确保持续学习和改进，逐步提升工作的质量和效率。

4. 金字塔原理

下面重点介绍金字塔原理，这是一种结构化写作和思考的方法，主张先提出结论，然后再给出支持这一结论的论点和证据，最后再总结结论。这种自顶向下的沟通方式有助于确保信息的清晰和逻辑性，使听众或读者可以更容易地理解和接受我们的观点和建议。

金字塔模型，如图 3-6 所示。

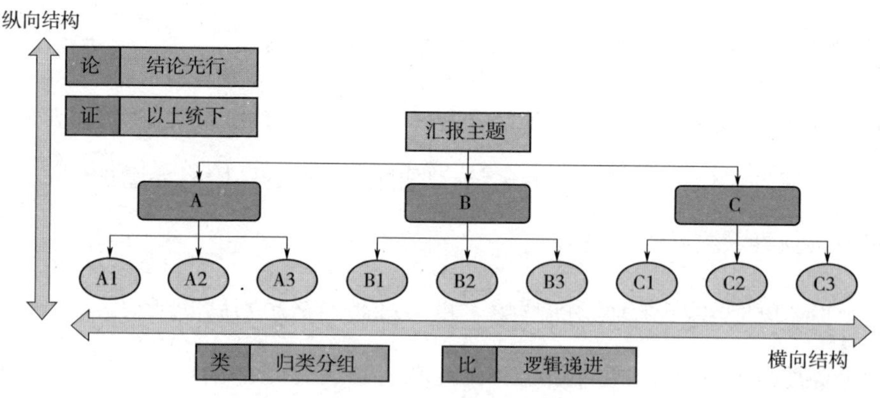

图 3-6　金字塔模型

其核心主要是以下论、证、类、比四个字：

（1）论。论，即结论先行，就是在和别人沟通的时候，先讲结论。这样的好处至少有两个：一是节省大家时间，二是锚定效应。

比如，本周我写了一个汇报材料，一个汇报支持一个概括各级各组的思想结论，需要领导做决策，准备了 10 页左右的内容，但当我用 1 分钟把第一页讲完后，领导就直接做了决策。以前类似情况通常要汇报 30 分钟，最后领导还是很难做决定，虽然有问题复杂度的区别，而更重要的是结论是否先讲出来。

结论先行的另一个好处是，当您先讲结论，大家会被这结论锚定，在听后续材料的时候会自动把它和您的结论进行关联，如果您的证据支撑您的观点，就会很有说服力，如果不支持或者有歧义，别人也很容易帮您指出问题所在。

（2）证。证，即以下证上，就是当您的结论抛出来后，要用论点进行支撑，而每个论点又用分论点支撑，这样就会很有层次感，让人容易理解。而且还有个好处，您可以根据时间情况，灵活决定您介绍的内容。若给您 30 秒，您就讲结论和第一层支撑论点；若给您 3 分钟，您可以展示每个核心论点的子论点；若给您 3 小时，您就可以对具体细节进行介绍。

（3）类。类，即分类归组，就是每组中的思想必须属于同一个范畴，如何保证您的每一层级的分类是合理的呢？需要通过 MECE（相互独立，完全穷尽）分析法。如何做 MECE 呢？常用的有以下五种方法：

①非黑即白。比如，世界上的人可以分为男人和女人。

②二象限矩阵。比如，人才的“才能”“态度”划分。

③流程法。比如，把大象装进冰箱就三步：第一步打开冰箱门；第二步放进大象；第三步关闭冰箱门。

④公式法。比如，利润＝收入－支出，还有响应＝激励 × 传递函数，这种方法通常比较严谨，而且容易量化，所以能公式化的，优先选择。

⑤要素法。比如，一个故事的构成要素：事件、地点、人物、事件。

相互独立意味着在一个集合中的每一个元素都不与其他元素相同，每个选项或解决方案都是独立考虑的，没有交集。在问题解决的过程中，这有助于确保我们的分析具有清晰度和专注度，避免因为选项之间的重叠而导致的混淆或重复劳动。

完全穷尽则是指在分析时考虑到所有可能的选项或情况，没有遗漏。这确保了在做出决策或解决问题时，所有的潜在解决方案都被评估，增加了找到最佳解决方案的可能性。

MECE 分析法是一个强大的工具，可以帮助我们更系统、更全面地分析思考问题，是进行有效决策和高效问题解决的关键。在实践中不断应用这一原则，我们可以提高自己的分析能力和决策质量。

（4）比。比，即逻辑递进，就是为了让您的表达更加严谨，在分类的基础上，我们还可以让类之间呈现一定的逻辑性。常见的逻辑性有空间、时间、重要程度等。比如，当您的分类是按照流程法，您可以按照流程的时间先后顺序；当您的分类是按照要素法，您可以按照各个要素的重要程度。

三、结构化思维与表达的实际应用

结构化思维与表达在职场中的实际应用是多方面的，它帮助我们以更清晰、更有效的方式传递信息，做出决策，以及影响他人。下面是几个典型应用场景的具体分析和指导。

1. 工作汇报

工作汇报时使用结构化思维可以帮助我们更有条理地组织信息，确保汇报内容既全面又精练。首先，明确汇报的目的和听众的需求；其次，采用 PASA（问题、分析、解决方案、行动）结构。首先指出遇到的问题，然后分析原因，提出解决方案，最后给出推荐的行动计划。这种方式不仅使汇报内容逻辑清晰，也便于听众理解和记忆。

【案例】某天，您向领导汇报工作："老板，我最近在留意原材料的价格，发现很多原料都涨价了；还有刚才物流公司也打电话来说提价；我又比较了几家的价格，但是还是没有办法说服他不涨价；还有，竞争品牌 *** 最近也涨价了，我看到……对了，广告费最近花销也比较快，如果……可能……"

请问一下，如果您是老板，您的第一反应是什么？是不是会无情地打断并质问对方：你到底想要说什么？

如果您练习了金字塔原理，学会了总分总的逻辑，您要如何优化您的汇报呢？

"老板，我认为我们的产品应该涨价 20%，且要超过竞争品牌。因为：第一，原材料最近都涨价了 30%，物流成本也上涨了；第二，竞争品牌全部都调价 10%~20%，我们应该跟进；第三，广告费超标，我们还应该拉出空间，可以做广告……老板，您觉得这个建议是否可行？"

请问，这样的汇报是不是逻辑清晰、结构分明、有主有次、有论点有论据呢？

2. 会议技巧

在会议中，结构化表达可以提高会议的效率和效果。会议开始时，先给出会议的目标和议程的概览，确保每位参与者都对会议的结构有一个明确的理解。在讨论各议题时，利用 MECE 原则确保每个点都被讨论到，没有遗漏。在总结会议时，使用金字塔原理，即先给出结论（会议决定），然后列出支撑这些结论的关键点，确保信息传达的高效和有序。

3. 培训或报告

开发培训课件时，结构化的思维和表达方法可以帮助我们更好地表达培训内容。起草报告时，可以按照 BCOMFR（背景、目标、内容、方法、结果、反思）结构来组织报告内容，这样不仅能全面反映培训活动的各个方面，也便于读者快速抓住重点。此外，运用故事讲述的技巧来分享具体的案例或经验，可以使报告内容更加生动、更易于引起共鸣。

4. 销售沟通技巧

在销售过程中，结构化的表达技巧对于说服客户、达成交易至关重要。FABE（特征、优势、益处、证据）模型就是一种高效的结构化沟通方法。销售人员不仅能够清楚地展示产品的特征和优势，更通过益处和实际的证据来说服客户，这种方法极大地增强了与客户沟通的效果。结构化的表达让信息传达更加有条理，更易于客户理解和接受，从而提高转化率和客户满意度。

后面还将给大家带来更多结构化思考问题的思路和工具，帮助大家提升思考的深度和宽度。

第七节　屏蔽掉无益的评价，做好自己

我们可以做一个别人对自己评价是否在意的简单自测。比如，您的言行中，有多少是因为别人的评价刻意而为？您每天会花多少时间去消化别人的评价？

我们每个人都不可避免地会受到别人的评价和判断。从社交媒体上的点赞和评论到职场中的绩效评估，我们似乎总是在别人的目光下生活。这种外界评价对于个人成长和社会互动无疑具有一定的价值，它可以提供反馈、激励进步，甚至是塑造自我认同的手段。然而，当我们过分依赖或担忧这些外界的声音时，可能就会失去自我，陷入不必要的焦虑和自我怀疑中。

想象一下，如果我们能够屏蔽掉那些无益的评价，专注于自己的成长和实现个人目标生活将会是怎样的？如果我们能够建立起一套独立于外界评价的内在价值观，那么无论面对何种评价，我们都能保持自我定位，稳定前行。这正是本节将要探讨的核心主题是如何屏蔽掉别人的评价，做好自己。

过分在意别人的评价会限制我们的潜力，影响我们的决策，甚至会改变我们对自己的看法。在职场中，这可能会阻碍我们追求真正感兴趣的职业道路；在个人生活中，这可能会使追求那些看似受欢迎其实并不符合内心的生活方式。因此，建立起对自己的认知，明确自己的价值观和目标，变得尤为重要。只有当我们了解自己是谁，想要什么，我们才能在外界评价的各种声音中保持正确的方向。

本节将分享如何通过一些实际可行的策略，建立和维护独立于外界评价的个人价值观和自信心。我们将讨论如何专注于个人成长，以及如何有效地接收和处理外界的正面和负面评价，从而使我们能够更自由地追求个人和职业上的成功。

走在成长的道路上，我们需要学会辨别哪些评价值得倾听，哪些应当被忽略。屏蔽掉那些无益的评价，专注于做好自己，不仅是一种自我保护的策略，更是一种走向成熟和实现自我价值的必经之路。

一、评价的重要性

评价提供了关于我们工作和行为的外部视角，这在多个方面是有益的。首先，正面的评价可以作为一种确认和鼓励，它验证了我们的努力和成就，增强了自我效能感。比如，一个职场新人通过上级的积极反馈，可能会感受到自己的工作是有价值的，从而更加积极地投入到未来的工作中。其次，即便是负面的评价，也可以是个人成长和学习的重要来源。它指出了我们可能忽视的弱点或需要改进的行为，为我们提供了反思和进步的机会。最后，在这个视角上看，评价可以作为一种构建性的反馈，帮助我们更好地自我调整和优化行为。

二、评价的限制

然而，评价的价值并非没有界限。首先，评价往往带有主观性。不同的人可能会基于个人的偏见、经验和期望来评价相同的行为或成就，这意味着我们不应该盲目接受所有评价为客观真理。其次，过分依赖外界评价可能会导致我们失去自我。当我们过于在意他人的看法时，我们可能会不自觉地调整自己的行为和选择，以迎合外界的期待，而没有遵循自己的价值观和目标。这不仅可能会导致内心的不满和挫败感，还可能使我们偏离真正想要达成的目标。最后，过度关注负面评价可能会对我们的自尊和动力产生负面影响。在一个充满竞争的职场环境中，不可避免地会遇到批评和挑战。如果我们没有有效的应对机制，这些负面评价可能会削弱我们的自信心，甚至引发焦虑和抑郁。

三、处理外界评价的方法

正确地处理外界的评价可以帮助我们保持正面的心态，促进个人成长，甚至能够转化为实现我们目标的动力。以下是一些实用的策略，帮助我们处理外界的评价：

1. 分辨评价的性质

我们需要学会分辨评价的性质，它是建设性的还是破坏性的。建设性的评价，无论是正面还是负面，都旨在促进个人成长和改进。它通常是具体、客观的，并提供了改进的途径。相反，破坏性评价往往含有个人偏见，缺乏具体的反馈，可能源自嫉妒或不满。识别评价的性质，可以帮助我们决定哪些评价值得我们深入考虑，哪些评价应该被忽略。

2. 建立自我肯定

对于任何类型的评价，保持自我肯定是关键。这意味着我们需要有足够的自信和自我价值感，不会因为一两次的负面评价就动摇。建立自我肯定的方法包括定期自我反思，强化自己的优点和成就，以及通过积极的自我对话提升自我形象。

3. 寻求建设性反馈

面对负面评价时，试图从中寻找可以帮助我们成长的建设性反馈。即使是批评，也可能包含有价值的见解，指出了我们可能忽视的问题或改进空间。将这些反馈信息视为成长的机会，而不是对自我价值的否定。

4. 建立支持网络

周围有一群支持我们的人非常重要。当我们遇到难以处理的评价时，他们可以提供另一个视角，帮助我们分析和理解评价的内容。同时，他们也可以提供情感支持，帮助我们恢复自信。

5. 运用批判性思维

不要盲目接受所有评价。运用批判性思维来分析评价的内容、动机和来源。问问自己：这条评价是否客观？它的来源是否可靠？它是否有助于我们的成长？通过这种方式，可以更加客观地看待外界的评价，避免被无关紧要的意见所影响。

6. 保持开放心态

处理外界评价需要智慧和勇气。保持一颗开放的心，愿意学习和改变，是我们走向成熟和成功的重要一步。记住，最重要的是做好自己，而不要试图满足每一个人的期待。

本章小结

在本章中，我们主要介绍了如何在平凡的生活中找到突破口，实现个人逆袭。

1. 学习了适应性和创造性两种思维。适应性思维使我们能够应对变化和挑战，而创造性思维则能够帮助我们找到新的机遇和可能性。这两种思维的结合，使我们能够在平凡中发现不平凡，从而实现逆袭。

2. 了解到培养成长心态的重要性。面对失败与挑战时，我们需要保持积极的心态，相信自己有能力克服困难。这种成长心态能够激发我们的内在动力，使我们在逆境中不断成长。

3. 分析了逆境中的机遇寻找与利用。危机往往与机遇并存，我们需要学会在逆境中寻找并利用这些机遇。通过深入分析问题的本质和潜在机会，我们可以找到逆袭的突破口。

4. 介绍了获得更多机会的结果—信任—机会三角模型。这个模型表明，我们需要通过不断努力取得良好的结果，从而赢得他人的信任和认可，进而获得更多的机会。这个过程需要我们具备闭环思维和结构化思维与表达的能力，以确保工作的有效性和高效性。

5. 强调了靠谱习惯的重要性。通过培养靠谱的闭环思维习惯，我们可以提高自己的信誉和口碑，从而在职场和生活中获得更多的机会和认可。

6. 掌握了结构化思维与表达。常见的结构化思维的模型和工具，重点讲解了金字塔原理及其在实际工作场景中的应用技巧。

7. 如何屏蔽掉无益的评价。在生活和工作中，我们难免会听到各种评价，其中既有积极的，也有消极的。然而，过于在意别人的评价往往会影响我们的情绪和自信，甚至可能导致我们做出不符合自己意愿的决策。屏蔽别人的评价，这并不是说要完全忽视他人的意见，而是要学会区分哪些评价是有价值的，哪些评价是无关紧要的，并且保持自信和独立，不被消极评价所左右。

第四章　个人战略与目标解码管理

个人战略与目标管理，是我们人生中不可或缺的一环。它不仅能够帮助我们明确自己的人生目标和追求，还能够引导我们在实现目标的过程中，采取有效的行动和策略。一个好的个人战略，能够帮助我们合理地规划自己的人生，使我们在面对困难和挑战时，能够保持坚定的信念和勇气。

在本章中，我们将探讨个人战略与目标管理的具体方法和技巧，深入分析如何寻找个人的使命，以及设定合理的人生目标等。同时，我们还将学习如何根据自己的目标制订解码策略和具体的行动计划。通过这些方法和技巧的学习和实践，我们将能够更好地实现个人的人生目标，实现成长和成功。

第一节　个人发展战略

个人发展战略是一个系统性的过程，也是一个动态调整的过程。它需要我们对自己有深刻的认识和理解。通过明确使命、设定目标、制订策略、采取行动和进行复盘，我们可以更好地实现个人的人生目标。

我们来看一下战略这两个字的含义。这里的战略可以将两个字分开来理解。所谓战就是在哪里战斗，所谓略就是如何取胜。个人发展战略，指的就是个人往哪个方向发展？如何取得胜利实现个人的人生目标？

一、个人使命

使命是人生的方向和动力来源。它是我们内心深处源源不断的驱动力，引导我们朝着个人的目标前进。使命可能是一个职业目标、一个人生理想，或者是一个生活态度。找到个人的使命，并为之奋斗，是个人发展战略的基础。

作为一个个体，要找到个人使命并非易事，它需要我们对自己有深刻的认识和理解。可能很多人认为使命是一个很虚的东西，是一个大道理。但我想说的是，当一个人真正建立起个人使命感的时候，他的内心一定是无比坚定，而且也一定不会被困难给轻易吓倒，也不会轻易放弃。有很多成功的大人物，都是有了自己内心所追求的使命感。从而一步一个脚印最终实现了心中所愿。大家所熟知的就是“为中华之崛起而读书。”

下面为大家分享可以帮助我们找到个人使命的四个步骤。

1. 自我反思

通过反思自己的过往经历，了解自己在哪些方面有所擅长或有所欠缺，思考自己在工作中取得的成绩，以及自己在生活中感受到的满足和快乐。通过这些思考，我们可以逐渐明确自己的人生方向和追求。

2. 探索兴趣和激情

兴趣和激情是人生方向的指引灯。我们可以多去尝试不同的活动和挑战，了解自己在哪些方面感到兴奋和满足。这些活动可能包括运动、艺术、学习、工作等。

通过这些尝试，我们可以发现自己的兴趣所在，并将其转化为使命。

3. 倾听内心的声音

我们需要倾听内心的声音，了解自己的价值观和信仰。我们的价值观和信仰将指导我们在人生的道路上做出选择。通过深入了解自己的价值观和信仰，我们可以明确自己的人生方向和追求。

4. 寻找导师和榜样

优秀的导师和榜样是我们人生方向的引导者。我们可以寻找那些在人生道路上取得成功的人，了解他们的经历和成功秘诀。通过学习他们的经验，我们也可能找到自己的人生方向和追求。

以我自己来说，近几年，我才逐步明确个人的使命：通过自己的努力，帮助更多的普通个体，培养经营人生的思维和能力，提升成功的确定性，塑造超级个体、高效自驱做自己的主人。特别是当我有了清晰的使命后，工作的方向就精准了，动作也聚焦了，资源的投入也更加匹配了。当遇到困难或特别累的时候，内心会有一股油然而生的原动力来支撑自己，不会再抱怨，不会再纠结于眼前短暂的得失。

二、发展目标

目标是我们在实现使命的过程中，需要达到的具体量化的里程碑。目标是具体的、可衡量的、可实现的、相关性的和有时限性的。我们需要根据个人使命，设定一系列长期和短期目标，以便在实现使命的道路上有所参照。

基于上述的使命，我给自己定下里程碑的目标：两年内出版两本专业的书籍，一本是关于个体成长的（本书）；一本是关于战略目标解码的。这两个目标对于实现个人使命非常重要，是我这个阶段的里程碑式的目标。

三、实施策略

策略是我们实现目标的方法和途径。它是我们为了达成目标，需要采取的具体行动和步骤。策略应该与我们的目标和使命紧密相关，并且能够帮助我们有效地利用资源和时间。

四、行动计划

行动是我们实施策略的过程。我们需要将策略转化为具体的行动，并在实践中不断调整和优化。行动是个人发展战略中最为关键的一环，没有行动，一切都是空谈。

五、动态复盘

复盘是我们对自己践行使命目标的具体行动的总结和反思。我们需要定期对过去的行动进行回顾和分析，找出成功的经验和不足之处，以便在未来的行动中加以改进。通过复盘，我们可以不断地学习和成长，实现个人发展战略的持续优化。

关于目标、策略、行动的具体内容，在本章后面的章节再详细分析。

第二节　个人商业模式画布

每个人都可以将自己独特的兴趣和能力转化为有价值的产品和服务，并通过这些产品和服务实现自己的价值和梦想，这就是个人商业模式。而帮助我们全面地分析和设计自己的商业模式，确保我们个体的产品和服务能够满足市场需求，并为市场所接受，能够转化为商业结果，这就是个人商业模式画布。

一、个人商业模式画布的核心要素

个人商业模式画布是一个框架，其核心要素包含九个方面，如图 4-1 所示。

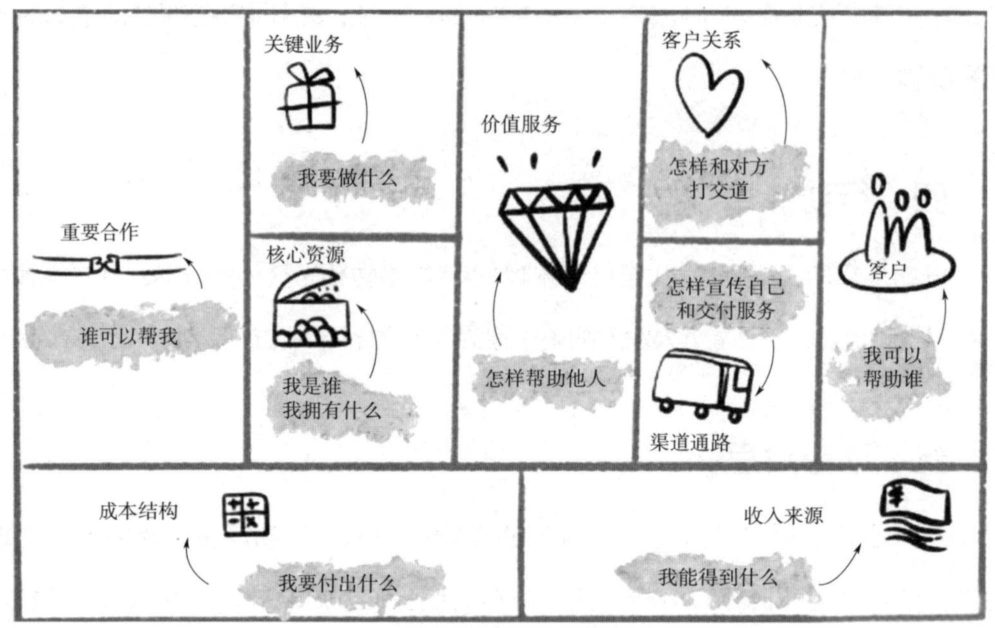

图 4-1　个人商业模式画布

1. 价值主张

价值主张（服务）是我们个人所提供的产品和服务能够解决的问题或满足的需求。需要明确我们的价值主张，以便更好地满足社会的需求。比如，当我们设计个人商业模式时，首先需要确定的是我们的产品和服务能为社会、企业、个人解决哪些具体问题或满足哪些具体需求。这有助于我们精准定位我们的目标客户，并确保我们的产品和服务能够为他们提供真正的价值。

设计个人的价值主张时，我们可以考虑以下几个方面：

（1）明确客户需求。了解我们的目标客户群体面临的主要问题或真实需求，并思考我们的产品和服务如何满足这些需求。

（2）突出独特卖点。我们的产品和服务有哪些独特之处，能够区别于市场上的其他同类产品和服务。

（3）强调解决方案。我们的产品和服务是如何解决问题的，包括解决问题的方法和效果。

（4）展现个人优势。我们的个人技能、经验和知识如何与产品和服务的价值主张相结合，为客户带来额外的价值。

通过以上步骤，我们可以设计出清晰的、有说服力的个人价值主张，从而在竞争激烈的市场中脱颖而出。

2. 客户细分

我们需要确定我们的产品和服务主要面向哪些客户群体。了解这些客户的需求和偏好可以帮助我们更好地定位和推广产品和服务，千万不要认为客户是有所有的人。比如，当我们创建在线课程来教授烹饪技巧时，我们的目标客户可能是热爱烹饪的家庭主妇、希望在餐饮行业发展的厨师，或者是希望通过学习新食谱来丰富自己生活经验的业余爱好者。对于家庭主妇，我们可能会强调课程中的健康饮食和节省时间的特点；对于厨师，我们可能会突出高级烹饪技巧和专业食谱；对于业余爱好者，我们可能会侧重于课程的趣味性和易学性。

在设计个人的客户细分策略时，我们可以采取以下步骤：

（1）做市场调研。通过问卷调查、访谈、社交媒体分析等方式，收集潜在客户的数据和反馈，以确定他们的需求和偏好。

（2）看客户画像。基于市场调研的结果，为不同的客户群体创建详细的客户画像，包括他们的年龄、性别、职业、兴趣爱好、购买力和购买动机等。

（3）做定位策略。根据客户画像，选择最符合我们产品和服务的细分客户群体，并为他们制订个性化的推广策略。

（4）做持续调整。随着市场和客户需求的变化，定期评估和调整客户细分策略，以保持其相关性和有效性。

通过精确的客户细分，可以更加精准地定位个人产品和服务，制订更加精准的推广策略，快速取得事业的突破。

3. 渠道

我们需要确定如何将产品和服务传递给客户。渠道可以是线上或线下，也可以是直接的或间接的。我们需要选择最适合自己的渠道。比如，某人擅长软件开发，他准备开发一款时间管理软件来帮助人们管理个人日常工作事务和时间，他的目标客户可能是对数字工具感兴趣的年轻专业人士。为了将他的产品传递给这些人群，他需要选择多个渠道宣传推广，可以通过以下方式来确定最佳渠道：

（1）社交媒体营销。利用微信公众号、短视频平台和微博等社交媒体平台来吸引年轻客户，并分享使用案例和好处。

（2）搜索引擎优化。优化我们的网站和应用商店的列表，以提高在百度、小红书等搜索引擎中的可见度。

（3）通过合作伙伴。与相关的专业媒体或应用程序合作，或是参加各种线下沙龙，读书会等活动，通过他们的平台推广产品。

在选择个人业务渠道时，应该考虑以下因素：

（1）目标受众。了解我们的目标客户在哪些渠道上最活跃，并选择与他们接触最多的渠道。

（2）渠道成本。评估不同渠道的成本效益，并选择那些能够以较低成本获得更多潜在客户的渠道。

（3）渠道兼容性。确保所选渠道与我们的个人品牌、产品和服务的定位相匹配。

（4）渠道灵活性。选择那些允许我们快速调整和优化营销活动的渠道。

通过仔细选择和优化渠道，可以提高产品和服务的曝光度，吸引更多的目标客户。渠道选得对，可以更快产出效率和效果。

4. 客户关系

我们需要建立与维护客户的关系，以确保他们满意并愿意继续购买我们的产品和服务。良好的客户关系可以提高客户忠诚度和口碑。比如，当我们销售一款针对健身爱好者的在线个性化训练计划时，我们可以通过以下方式建立和维护与客户的关系：

（1）提供个性化的服务。根据每位客户的健身目标、体能水平和偏好，定制个性化的训练计划。

（2）定期沟通。通过电子邮件、社交媒体或电话与客户保持定期沟通，提供训练进度更新、饮食建议和心理支持。

（3）收集反馈。鼓励客户分享他们的体验和反馈，并根据他们的意见进行调整和改进。

（4）举办在线研讨会。定期举办在线研讨会，邀请客户参与，提供最新的健身信息和技巧。

（5）建立社群。创建一个在线论坛或社交媒体群组，让客户可以相互交流，分享他们的进步和挑战。

在设计个人客户关系策略时，应该考虑以下因素：

（1）客户满意度。确保我们的产品和服务能够满足客户的需求，并提供超出期望的体验。

（2）客户忠诚度。通过持续提供价值和服务，培养客户的忠诚度，使他们愿意长期购买我们的产品和服务。

（3）口碑营销。鼓励满意的客户分享他们的体验，通过口碑推荐吸引新客户。

（4）客户服务。提供优质的客户服务，包括快速响应客户查询、解决问题和提供额外支持。

通过建立和维护良好的客户关系，我们可以提高客户的满意度和忠诚度，扩大我们的客户基础。

5. 收入来源

我们需要确定如何从我们提供的产品和服务中获取收入。这包括销售、订阅、广告、服务等多种方式。比如，当我们提供在线健身课程时，我们可以考虑以下收入来源：

（1）一次性销售。通过销售单次健身课程或系列课程来获取收入。

（2）订阅模式。提供会员订阅服务，客户支付月费或年费以获得持续的健身指导和资源。

（3）增值服务。提供额外的产品和服务，如个性化的训练计划、营养咨询或健身设备、个性化指导等，以增加收入。

（4）广告和赞助。通过在课程中植入广告或寻找赞助商来获取额外的收入。

在设计个人收入来源策略时，我们应该考虑以下因素：

（1）客户价值。评估客户对产品和服务的价值感知，选择能够提供最佳客户价值的收入来源。

（2）收入稳定性。选择能够提供稳定收入的收入来源，以减少业务风险。

（3）成本结构。确保收入来源能够覆盖运营成本，并提供足够的利润空间。

（4）增长潜力。选择具有增长潜力的收入来源，以支持业务扩展和长期发展。

通过选择和优化收入来源，可以确保个人商业模式的财务可持续性，并为实现个人目标和发展提供稳定的资金支持。

6. 成本结构

需要分析我们的产品和服务所产生的成本。了解成本结构可以帮助我们更好地定价和控制成本。比如，当我们提供在线咨询或专业服务时，我们可以考虑以下成本：

（1）人力成本。它包括我们的时间和专业知识，这是提供服务的主要成本。

（2）技术成本。比如，网站维护、软件订阅、硬件投资等，这些是支持我们服务的技术基础设施的成本。

（3）营销成本。它包括广告、社交媒体推广、内容营销等，这些是吸引潜在客户的成本。

（4）运营成本。比如，办公空间、设备租赁、水电费等，这些是日常运营所需要的成本。

在设计个人的成本结构时，我们应该考虑以下因素：

（1）固定成本。这些是不随业务量变化而变化的成本，如租金、固定工资等。

（2）可变成本。这些是随业务量变化而变化的成本，如原材料、快递费等。

（3）机会成本。这是指放弃其他机会而选择当前机会的成本，如时间、金钱等。

（4）隐性成本。这些是间接成本，如客户服务、在线辅导等。

通过分析成本结构，我们可以更准确地定价，确保我们的产品和服务能够覆盖成本并产生利润。同时，了解成本结构也有助于我们控制成本、提高效率、优化资源分配等。

7. 关键资源

我们需要确定为实现商业模式所需的关键资源。这包括人力、技术、品牌等。识别和获取关键资源对于确保业务的成功至关重要。比如，我作为一个商业讲师和企业咨询顾问，关键资源包括：

（1）企业资源。企业是我的客户，这样的资源对我来说，是业务的原点。

（2）技术资源。稳定的服务器和网站平台，以及能够支持我在线教学和互动的技术工具。

（3）品牌资源。建立强大的品牌形象，包括商标、标志、品牌故事和口碑，这些都是吸引和保留客户的关键。

在设计个人的关键资源策略时，我们应该考虑以下因素：

（1）资源获取。如何获取或建立这些关键资源，包括介绍、复购、行业论坛等。

（2）资源优化。如何最有效地利用这些资源，包括时间管理、技能提升、IP打造等。

（3）资源保护。如何保护这些关键资源，包括知识产权保护、网络安全、品牌维护等。

（4）资源扩展。如何在未来扩大这些关键资源，包括合作伙伴关系、技术投资、品牌扩张等。

通过识别和优化关键资源，我们可以确保个人商业模式的稳定性和竞争力，并为实现长期成功奠定基础。

8. 关键活动

我们需要确定为实现商业模式所需的关键活动。这包括研发、营销、销售等。比如，当我推广我的培训咨询项目时，关键活动包括：

（1）研发活动。开发新的培训课程和咨询项目，确保它们与市场需求和客户偏好相匹配。

（2）推广活动。制定和执行推广策略，包括社交媒体推广、内容营销、合作伙伴关系等，以吸引新客户并提高品牌知名度。

（3）销售活动。通过不同的销售渠道，如与机构合作、社交媒体直播、第三方代理等，将产品和服务销售给客户。

（4）客户服务活动。提供优质的客户服务，包括解答客户疑问、在线辅导、线下参加客户会议等，以保持客户满意度和忠诚度。

在设计个人的关键活动策略时，我们应该考虑以下因素：

（1）活动优先级。确定哪些活动对于实现商业模式最为关键，并优先安排时间和资源。

（2）活动效率。通过流程优化和自动化，提高关键活动的效率，减少浪费。

（3）活动协同。确保不同关键活动之间的协同工作，以实现最佳的业务成果。

（4）活动创新。不断寻找新的方法和工具，以改进关键活动，提高竞争力。

9. 关键合作伙伴

我们需要确定与我们合作的关键合作伙伴。他们可以提供资源、市场机会和额外的专业支持，可以帮助我们更好地实现商业模式。还要主动去寻找有助于我们业务拓展的关键合作伙伴，有些可能是我们的贵人，可以帮我们事半功倍地取得成功。比如，我的企业培训咨询业务，关键合作伙伴包括：

（1）咨询机构。与咨询机构合作，他们有很多直接的企业客户，我可以更快地把核心产品和服务提供给客户。

（2）在线教育平台。与在线教育平台合作，他们也有很多企业客户或直接的C端学员，对我来说，效率更高。

（3）咨询同行。与同行的咨询培训专家合作，参与他们的一些项目中，也可以快速推广我的咨询业务。

（4）核心重要客户。某些重要的甲方企业客户，可以保障我的业务基本盘。这样的客户如果有的话，一定要好好地维护，如果没有，就尽可能地开发出来。

在设计个人的关键合作伙伴策略时，我们应该考虑以下因素：

（1）合作伙伴选择。根据我们的业务目标和资源需求，选择与我们互补、能够提供额外价值的合作伙伴。

（2）合作伙伴关系。建立和维护与合作伙伴的良好关系，确保双方能够相互支持和协作。

（3）合作伙伴贡献。明确合作伙伴能够为我们提供的资源、市场机会和专业知识，以及我们能够为合作伙伴提供的价值。

（4）合作伙伴管理。制订合作伙伴管理计划，包括合作条款、沟通频率和期望结果，以确保合作的顺利进行。

通过选择和合作关键合作伙伴，我们可以扩大个人商业模式的影响力和覆盖范围，获得额外的资源和市场机会，并实现业务的持续增长和成功。

二、个人商业模式画布的设计与实施

设计个人商业模式画布需要我们对自己的兴趣和能力进行深入了解和分析。并依据分析出来的结果来确定我们的价值主张、客户细分、渠道、客户关系、收入来源、成本结构、关键资源、关键活动和关键合作伙伴。

一旦设计出个人商业模式画布，我们就可以采取以下步骤来实施和推广自己的产品和服务：

（1）优化产品和服务。根据市场反馈和客户需求，不断优化我们的产品和服务，以提高其价值。

（2）建立渠道和推广。选择合适的渠道和推广方式，将产品和服务传递给目标客户。

（3）建立客户关系。建立良好的客户关系，确保他们满意并愿意继续购买我们的产品和服务。分析客户的痛点，满足客户的需求，为客户创造超预期的价值。

（4）定价和成本控制。根据成本结构和市场情况，确定合适的定价策略，并控制成本。

（5）寻找合作伙伴。寻找合适的合作伙伴，共同推广和实现个人商业模式。

通过以上步骤，我们可以将个人的兴趣和能力转化为有价值的产品和服务，并通过个人商业模式来兑现个人的价值。

总之，个人商业模式画布是一个框架，帮助我们分析和设计自己的商业模式。通过设计个人商业模式画布，我们可以更好地了解自己的兴趣和能力，并将它们转化为有价值的产品和服务。通过实施和推广个人商业模式，我们可以实现自己的价值和梦想。无论我们处于人生哪个阶段，无论我们面临怎样的困难和挑战，只要我们能够设计出适合自己的个人商业模式，并采取有效的行动和策略，我们就能够实现个人的成长和成功。让我们从现在开始，一起努力，成为自己人生的掌舵者，实现自己的人生价值和梦想。

【练习】从自己的实际情况出发，运用个人商业模式画布进行分析，找出自己成长的确定性任务。

第三节　个人目标与计划管理

目标很重要，如何将目标转化为结果更重要，但现实的情况是很多人没有目标，而且不知道如何定目标，即便是定了目标却总是实现不了。我经常看到很多企业的管理层，定了目标，但是对于如何达成目标的策略、方法却很模糊，这让目标的达成充满不确定性。目标解码，这是每个人需要掌握的核心方法之一。本节将详细介绍目标解码对个人的价值、目标解码的核心工具和目标解码落地的要领。

一、目标解码对个人的价值

对于个人而言，定下目标并不等于我们拿到了想要的结果，只有将目标解码为一个个关键的精准动作，变成一个个具体的行动，才会离我们想要的结果越来越近的。目标解码对个人的价值主要体现在以下几个方面：

（1）明确更加方向。通过目标解码，个人可以清晰地确定自己奋斗的方向和如何去追求。这有助于个人在生活和职业的选择上更加有的放矢，避免盲目和迷茫。

（2）提升持续的动力。明确的目标和路径能够激发个人内在的动力和热情，使个人在追求目标的过程中保持高度的积极性和主动性。

（3）优化资源配置。通过目标解码，个人可以更合理地规划和分配自己的时间、精力和其他资源，资源不分散，更聚焦于关键动作上，以最有效的方式推动目标的实现。

（4）增强执行力。目标解码帮助个人将抽象的目的，有挑战的目标细化为具体的行动计划，明确每一步的执行路径，让动作更加清晰具体，从而大大增强个人的执行力。

（5）促进自我成长。在目标解码和实现的过程中，个人不仅能够实现具体的目标，还能够在这一过程中学习新知识、培养新技能，促进自身的全面发展。

（6）提高确定性。通过科学的目标解码，让策略更精准，让动作可量化，让过程能被管理。达成目标的确定性就可以提高，同时，还可以提升个人的自信心。

（7）减少资源浪费。因为有了详细的解码，所以自己日常的工作内容更加聚焦，就会减少无效动作，资源也随之聚焦。

二、目标解码工具：OGSM-T 模型

OGSM-T（目的、目标、策略、衡量、行动计划）不仅是一种战略规划、思维方式，更是一个非常实用的目标解码工具。它鼓励我们在设定和追求目标时，既要有远大的愿景，也要有脚踏实地的行动。通过明确目的和目标、制定策略、衡量标准、执行行动和动态调整，我们才能够更有效地实现个人的目标。

1. 为什么要用 OGSM-T

OGSM-T 具有以下特点：

（1）逻辑结构简单。OGSM-T 的魅力在于其简洁明了的结构，它易于理解和记忆，这样的特性使得这个模型可以被顺利地执行。简单的逻辑结构不仅方便个人和团队快速上手，而且能够有效地指导实际操作。唯有简单，才方便理解；唯有理解，才容易掌握；唯有掌握，才方便执行。

（2）逻辑结构完整。OGSM-T 构建了一个自成体系的完整闭环，从目标的设定到行动的执行，每一个环节都紧密相连。这种完整性确保了目标设定的精准性和行动计划的有效性，让使用者能够清晰地看到每一步行动背后的逻辑和预期，从而更容易坚持并看到效果。

（3）多年实践有效。OGSM-T 已经在多家企业中得到应用和验证，无论是管理层还是普通员工，通过学习和应用这个模型，都能在工作中取得显著的绩效提升。长期的实践证明了 OGSM-T 不仅理论上可行，而且在实际操作中也非常有效。

2.OGSM-T 是什么样的

OGSM-T 由以下五个部分组成：

（1）目的。一般指宏观的方向，通常是以定性的文字描述期待达成的状态。定义清晰的长期愿景或目标，是整个规划的出发点和落脚点。简单地说，就是给自己构建一个成功画像，用一句话定性地描述“我要去哪儿”或“成功应该是什么样子的”。比如：某人给自己个人的体型方面定性的目的描述是“通过塑造更好的身形，改变油腻的形象，成功转变成为一个型男”。

（2）目标。将长期的愿景细化为具体、可衡量、有时限的短期目标，确保目标的可追踪性和可实现性。目标是定量的数据。把目的变成了具象化的结果指标。目标是从目的的关键词拆解而来的。比如：接上文的目的，到年底，减重 10 千克（由 90 千克减到 80 千克）。

通过上述例子可以看出，目标和目的是有很强的承接关联性的，不能断层。

（3）策略。策略是定性的文字描述。规划达成每个目标所需采取的方法或路径，策略是实现目标的桥梁。比如：接上文的目标，实现减重的两条策略分别是：管住嘴（减少摄入）和迈开腿（增加消耗）。当然，也可以有其他的策略，如抽脂。但请注意，这条策略潜藏很大的风险，所以并不是条合理的策略。

所以，策略可能有很多，但并不是所有的策略都是可行的，合理的。

（4）衡量。这是定量的数据，用具体的、与策略相关的结果指标来衡量策略的成功。简单地说，就是把策略拆解成一个个细分指标，通过完成这些细分指标来确保策略的执行，从而促进目的、目标的达成。比如：接上文的策略，第一个策略管住嘴，衡量的具体指标就是日均热量摄入 1 500 卡及以下。第二个策略迈开腿，衡量的具体指标就可以是日均消 2 000 卡及以上。

（5）行动计划。将策略分解为具体的行动方案和步骤，明确每一步的执行人、执行时间和所需资源、达到的效果，是将策略落到实处的关键。比如：接上文的衡量，第一个策略管住嘴，具体的行动计划就可以分为每周 1 天不吃晚餐，每天午餐吃沙拉。第二个策略迈开腿，具体的行动计划就可以分为每天健走 1 万步，每周游泳 4 千米等。

个人年度减重塑型计划 OGSM-T，如图 4-2 所示。

O 目的	G 目标	S 策略	M 衡量	T 任务
要什么	是什么	做什么	怎么做（衡量指标）	具体行动计划
通过塑造更好的身型，改变油腻大叔形象，转变为型男	到2024年底，减重20千克。（100千克减到80千克）	管住嘴（减少摄入） 1. 少吃； 2. 吃得更健康	日均摄入热量1 500卡及以下	1. 每周1天不吃晚餐； 2. 每天午餐吃沙拉
		迈开腿（增加消耗） 增加有氧运动量	日均消耗热量2 000卡及以上	1. 每天健走1万步； 2. 每周游泳3千米

图 4-2　个人年度减重塑型计划 OGSM-T

注：OGSM-T 是一个逐层承接的因果关系。在我们拆解完成后，可以倒着推演一下，是不是后面这一层的指标达成就确保策略是成功的？是不是所有的策略成功了，就可以确保目的的达成？甚至，我们还要思考，这里面有没有什么创新的办法可以更好地达成目标？

3.OGSM-T 如何应用

在实际工作中，我们经常用 OGSM-T 来做两件事情：一是基于想要达成的某个目的运用 OGSM-T 的流程来解码，特别是对于团队的某个项目要达成的目标的解码，效果非常好；二是基于当下的某个具体问题也可以运用 OGSM-T 的流程来解码。

基于问题解码流程 P-OGSM-T，见表 4-1 所示。

表 4-1 基于问题解码流程 P-OGSM-T

问题	目的	目标	策略	衡量	行动计划
生产成本远远高于去年同期 20%，如何降低生产成本呢	显著降低生产成本	2025 年节约生产成本 100 万元	1. 降低瓶子成本	将瓶子厚度降低 1 毫米可节省 30 万	具体的行动计划（5W2H1R）
			2. 谈判更低的贴牌加工费	第一季度降低贴牌加工费全年可节省 20 万	
			3. 物料供应本地化	对 ABC 物料实现本地采购可节省 50 万	

三、目标解码落地的要领

1. 精力分配

在 OGSM-T 中，目的和目标的设定虽然重要但不应占用过多精力，约 20%即可。重点应放在策略的解码、指标的分析及行动计划的拆解上，这部分应占 80% 的精力。这样的分配能够确保更多的资源被用于实现目标的具体行动上。

2. 动态调整

整个 OGSM-T 过程本质上是基于假设的推演，尽管我们尝试通过精确的方法和严谨的逻辑进行规划，但并非所有情况都能预见，也不是单纯按照计划执行就能保证目标的实现。因此，需要根据实际情况和外部环境的变化进行动态调整，确保逐步靠近目标。

3. 定期复盘

与动态调整相辅相成的是定期复盘。通过定期复盘，我们可以对执行结果进行评估，分析实施过程中出现的问题，总结经验教训，并据此优化策略和行动计划，以实现持续改进和目标迭代。

4. 耐心持续

在追求目标的过程中，需要保持耐心，避免急于求成。目标的实现往往需要时间和持续的努力，过于急躁可能会导致策略执行得不彻底或决策得盲目，影响最终的成果。

【练习】运用 OGSM-T 模型，来解码自己的某个目标或遇到的问题。

第四节　懂得经营自己

懂得经营自己需要从关键变量入手，培养“三不”原则，以及通过关键变量的分析和改善，来优化我们的个人发展策略，从而达到成长和成功的目的。

一、经营自己的“三不”原则

冯唐曾经说过九个字的“三不”原则。我们在经营自己的人生过程中，这“三不”确实是值得我们学习。

1.“不着急”

不着急是对时间的态度。这并不是说做事可以拖拖拉拉、效率低下，而是当我们足够努力后，修炼内心，不要着急，尊重万事万物的自然规律，相信时间会给出最好的交代。有两个关注点：一是努力，而且是足够努力；二是心态。

2.“不害怕”

不害怕是对结果的态度。敢于承担任何结果，能够迎接成功，也能淡然接受失败。要知道，失败才是最难得的经验。古往今来，有多少历史风云人物都是经历大起大落，经得住万人仰仗的巅峰，也忍得了被人唾弃的低谷。失败是总结经验的最佳手段，因为它足够引人注目，足够刻骨铭心。就像人际交往，敢于说出不足的才是真朋友。在职场相处中，常常反馈改进方向的才是好领导。不要害怕失败，失败并不可怕，没有方向才是真的可怕。

3.“不要脸”

“不要脸”是对别人评价的态度。这不是让我们胡搅蛮缠、没皮没脸，而是让我们看轻他人的评价，不要因为他人随口说的三言两语就扰乱了自己的内心。人生在世，难免遭受流言蜚语，任他人怎样闲言碎语，我自岿然不动，坚定内心的信念，带着“厚脸皮”不断向前吧！

二、经营自己要从关键变量入手

无论是经营公司，还是管理团队，抑或是个人经营管理，最害怕的事情就是眉毛胡子一把抓。什么都在做，却没有抓住重点，导致大量的时间、人力、资源的分散和浪费。

就像前面的 OGSM-T 目标解码，为什么要解码关键策略？核心就是要抓住关键成功因素，不要把资源分散到一些无关紧要的事情或动作上去了。

在平常的工作中，实时地关注我们精力是不是在关键要素上面，是不是紧紧围绕目标在展开工作？是不是在关键任务上努力？

1. 梳理关键要素

我们给自己设定的目标是什么？或是基于客户的需求，我们为客户创造价值的关键要素是什么样的？比如，我为客户提供培训服务，其关键要素就是产品 + 服务 + 价格。

梳理关键要素常用的分析工具，如图 4-3 所示。

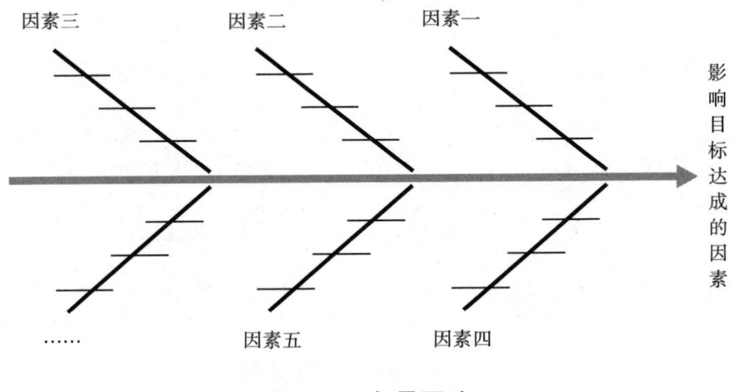

图 4-3　鱼骨图法

2. 分解关键要素

将上文中的关键要素进行分解，分解的技巧则可以根据客户的诉求进行更详细地拆解为关键指标。比如，培训服务则可以继续拆解为课前调研、定制化设计、现场答疑、在线实时辅导等。

3. 找到关键的变量

当我们将所有关键要素进行拆解后，所有的客户所关注的变量基本就都可以罗列出来。对这些变量进行分析，找到特别重要的变量。再对这些关键变量进行现状评估，看一下是否符合预期要求。如果不符合，则需要针对这些关键变量制订相应的改善措施与详细的改善计划。

4. 制订改善计划

可以按照 5W2H1R 的结构来制订详细的行动计划。同时，一定要有往创新的方向思考的意识。

5W2H1R 结构，如图 4-4 所示。

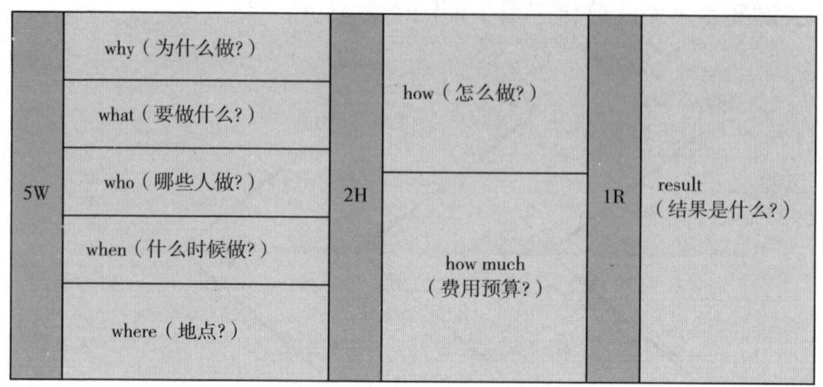

图 4-4　5W2H1R 结构

本章小结

在本章中，我们深入探讨了个人战略与目标设定的重要性，以及如何通过精心规划和管理来实现个人价值和梦想。以下是本章的核心要点：

1. 个人发展战略

（1）使命。作为个人发展的驱动力，使命是我们内心深处的渴望和追求，它引导我们前进的方向。

（2）目标。设定具体、可衡量、可实现、相关性和时限性的目标，为实现使命提供清晰的里程碑。

（3）策略。规划实现目标的具体行动和方法，确保与个人使命和目标紧密相连。

（4）复盘。定期回顾行动结果，从成功和失败中学习，以持续优化个人发展战略。

2. 个人商业模式画布

（1）价值主张。明确我们的产品和服务如何解决客户问题或满足需求，突出独特卖点。

（2）客户细分。确定目标客户群体，了解他们的需求和偏好，以更精准地定位和推广。

（3）渠道。选择最适合的渠道来传递产品和服务给目标客户。

（4）客户关系。建立和维护良好的客户关系，提高忠诚度和口碑。

（5）收入来源。确定从产品和服务中获取收入的方式，如销售、订阅或广告。

（6）成本结构。分析产品和服务的成本，以帮助定价和控制成本。

（7）关键资源。确定实现商业模式所需的关键资源，如人力、技术、品牌。

（8）关键活动。确定实现商业模式所需的关键活动，如研发、营销、销售。

（9）关键合作伙伴：识别能够提供资源、市场机会和专业支持的合作伙伴。

3. 个人目标与计划管理

（1）目的。定义个人的长期愿景或目标，为规划提供出发点。

（2）目标。将愿景细化为具体、可衡量的短期目标。

（3）策略。规划达成每个目标的方法或路径。

（4）衡量。设定与策略相关的结果指标来衡量成功。

（5）行动计划：将策略分解为具体的行动步骤。

4. 经营自己的关键原则

（1）不着急。保持耐心，尊重自然规律，相信时间的力量。

（2）不害怕。敢于面对任何结果，从失败中学习，保持积极态度。

（3）不要脸。不过分在意他人评价，保持自我信念，勇往直前。

5. 经营自己要从关键变量入手

（1）梳理关键要素。明确目标和客户需求，识别创造价值的关键因素。

（2）分解关键要素。将关键要素进一步细化为关键指标。

（3）找到关键变量。分析关键要素，识别并改善不符合预期的关键变量。

（4）制订改善计划。采用 5W2H1R 结构制订行动计划，不断创新和改进。

通过本章的学习，我们认识到个人成长和职业发展需要明确的战略规划和目标管理。通过构建个人商业模式画布和运用模型，我们可以将自己远大的愿景转化为具体可行的行动计划，从而实现个人价值和梦想。同时，我们要培养“三不”原则，以及通过关键变量的分析和改善，来优化我们的个人发展策略，从而达到成长和成功的目的。

第五章　少走弯路，实现自我超越

我们常常被各种琐事和挑战所困扰，而忽视了对自己人生的规划和管理。在人生的长河中，每个人都是自己命运的掌舵者。一个清晰的人生战略，明确目标的设定与管理，少走弯路实现自我超越，能够帮助我们更好地掌握自己的人生方向，实现个人的价值和梦想。

在本章中，我们将探讨个人成长过程中需要警惕和克服的五大“心魔”，以及如何通过具体的心法和方法来聚焦核心竞争力，实现自我价值的最大化。通过深入理解这些成长心魔的成因、表现和影响，我们可以采取有效的对策，逐步打破限制，释放潜能，最终成为自己职业生涯的主人。

第一节　擒拿五大成长心魔

五大成长心魔包括归功于内、“差不多先生”、自我设限、归错于外、归错于条件欠缺。

一、归功于内

归功于内是指将一个人的胜利和成果归功于个人品质的心理倾向。虽然这可能会增强个人的自尊，但它也会缩小一个人的视野，限制了看到更广阔成功图景的能力，包括运气、时机和他人的支持。归功于内是个体成长和发展路上的绊脚石。

1. 对个人成长的影响

（1）自我提升障碍。仅仅将自己的成功归功于自己，可能会在需要改进的领域造成盲点。它会滋生一种抵制反馈和从错误中学习的心态。

（2）人际关系紧张。过分强调内部归因会使我们与同伴、领导和合作者的关系紧张。大多数的成功是集体努力的结果，不承认他人的贡献会导致孤立和错失协同作用的机会。

（3）忽视平台作用。认为自己的能力很强，甚至认为是自己成就了平台，从而忽略了平台的作用，过高地估计了自己的能力。

2. 突破策略

（1）正念和反思。练习正念以了解我们的思维方式，同时反思我们的成功，并确定我们的贡献和发挥作用的外部因素。这包括他人的帮助、利用的资源，甚至是成功的偶然性。

（2）感恩练习。培养感恩的习惯可以将我们的注意力从单纯的内部归因转移到外部因素和我们周围的支持系统的价值和影响。

（3）寻求并接受反馈。定期寻求同行、领导、导师甚至批评者的反馈。建设性的批评对于个体的成长是无价的。

（4）合作与分享。与他人合作，分享成功的喜悦和经验，这不仅可以增强人际关系，还能创造更多的成功机会。

正视平台带给我们的帮助，可以让我们获得更多的认可和支持，这样我们的机会可能会更多。反之，我们可能失去平台的持续赋能。曾经我有一位朋友叫李晨，就是因为没有认清自己和平台的关系，而走了弯路，错过了平台后续发展的红利。

【案例】李晨在公司一个月可以做出 100 万元的业绩。但是这 100 万元的业绩里，约有 40 万元是公司（平台）的价值，包括领导支持、同事协作、公司品牌推广等因素的综合作用。但无论是领导还是同事，包括在同行的眼中，看到的都是取得 100 万元业绩的李晨。李晨自己也认为这 100 万元都是自己完成的。就这样，他每个月的业绩都在增加，随之发生的是公司给他的支持也在同步增加。于是，某天同行以 100 万元业绩的眼光，花更高的薪水来挖他。李晨没有认清公司给他的支持，于是便跳槽过去。大家试想一下，同行花更高的薪水来挖他，对他的期望是什么？肯定是李晨的 100 万元业绩。可事实上，李晨本人的真实业绩并没有 100 万元。这对李晨来说，跳槽后连续三个月都没有达到 100 万元的业绩，他的跳槽没有达到预期。

所以，正视所处平台的价值，真的很重要。感恩平台的赋能，因为这个平台可能会持续地为我们赋能，带来价值。如果这个平台发展得越来越好，我们也会因此而获得更多来自这个平台的有形或无形的红利。

二、“差不多先生”

对于个体而言，最可怕的就是进入了一个差不多循环，这会制约个人的成长和发展。学习上差不多，行动上差不多，结果就会差得越来越多。

1. 出现的场景

差不多的情绪很容易影响一个人对工作的态度，特别是在以下几种情况：

（1）任务多时。当同时需要处理的任务很多时，人首先会急躁，在任务进行中，就很容易出现差不多的情绪，希望快点搞完。

（2）任务急时。当任务很急时，要面临的压力比较大，人也较容易出现差不多的情绪。

（3）任务难时。当手上的任务非常难时，甚至超出了自己的能力范围，人也较容易畏难，这个时候差不多情绪自然就会出现。

（4）心情不好时。一个人如果心情很压抑或低迷时，有可能会心不在焉，从而认为差不多就好了。

（5）不断重复时。工作往往会不断重复。但正因为是重复，人就容易出现差不多就行了的想法。

2. 表现形式

（1）工作态度。在工作中，“差不多先生”往往对待任务敷衍了事，缺乏责任心和追求卓越的精神，这种态度在团队合作中尤为明显。

（2）生活习惯。在日常生活中，这种态度体现为对自我要求的放松，对生活质量的不追求，甚至在人际交往中也表现出一种随意、敷衍的态度。

（3）学习方法。在学习上，“差不多先生”往往满足于表面的理解，缺乏深入探究和批判性思考的习惯，这种现象在现在尤为突出。

3. 影响及反思

（1）对个人发展的影响。长期的差不多态度会严重影响个人的职业发展和生活质量，限制个人潜能的发挥。

（2）对企业发展的影响。企业中差不多先生的普遍存在，会降低团队效率，影响产品和服务的质量，最终损害企业的竞争力。

（3）对社会文化的影响。“差不多先生”现象的广泛存在，反映了社会文化的某些缺失，不利于社会的进步和发展。

4. 突破策略

（1）加强教育引导。管理者要有意识地培养团队员工的责任感、精益求精的态度和批判性思维能力，从根本上改变差不多先生的产生土壤。

（2）企业文化建设。企业应建立以质量为核心的文化，鼓励员工追求卓越，对于“差不多先生”持零容忍的态度。

（3）个人自我提升。个人应不断提高自我要求，树立正确的价值观，通过终身学习和自我反思，不断提升自我品质和能力。

三、自我设限

自我设限，作为个体心理和行为的一种自我约束现象，普遍存在于人们的职业生涯、学习过程和日常生活中。它不仅仅是一个心理概念，更是影响个人成长和发展的重要因素。

1. 成因分析

（1）社会文化因素。社会文化背景和价值观念对个体的自我认知和行为模式有着深刻影响。传统的教育观念和社会期待往往限制了个体的思维和行为，使人们在不知不觉中形成了自我设限的心态。

（2）个人经历。个人的成长经历、失败经验和负面情绪累积，容易导致自我怀疑和恐惧心理，从而形成自我设限的思维方式。

（3）认知偏差。人们在认知过程中往往受到各种偏见和先入为主的观念影响，这些认知偏差限制了个体看待问题和挑战的视角，导致自我设限。

2. 表现形式

（1）目标设定低。自我设限的个体往往在目标设定时过于保守，害怕失败而不敢设立高目标，限制了自己的发展潜力。

（2）回避挑战。面对挑战和机遇时，由于恐惧失败和缺乏自信，自我设限的人倾向于回避，错失成长和进步的机会。

（3）负面自我对话。自我设限的个体常常在内心进行负面自我对话，如自我贬低、否定自己的能力，这种内在的负面声音进一步加深了自我设限的程度。

（4）贴标签。这是一种对外部的人或事进行定义的过程。人很容易根据自己的思维习惯来对其他的人或事下一个定义。对于刚见面的陌生人，往往很容易贴标签。但这个标签往往并不客观真实，因为贴标签的依据并不充分。但正是因为这个不充分的标签，容易让人错过很多机会。

3. 影响及反思

（1）个人发展受阻。自我设限严重影响个人的职业发展、学习成效和生活质量，限制了个人潜能的发挥。

（2）创新能力下降。自我设限使个体在面对新问题时缺乏创新思维和尝试精神，不利于个人创新能力的培养。

（3）社会进步缓慢。当大量个体存在自我设限时，会影响社会整体的创新能力和进步速度，不利于社会的健康发展。

4. 突破策略

（1）增强自我认知。通过自我反思、心理咨询等方式，增强个体对自己真实能力的认知，正确认识自我价值和潜力。

（2）设定合理目标。根据自身实际情况设定适度挑战性的目标，既不要过低也不要过高，通过实现这些目标逐步增强自信心。

（3）积极心理建设。通过正面积极的自我对话、心理训练等方法，改变负面思维方式，培养乐观向上的心态。

（4）持续学习和挑战自我。通过不断学习新知识、技能和接受新挑战，拓宽视野，提升能力，打破自我设限的心理枷锁。

自我设限是个体成长道路上的隐形障碍，通过深入理解其成因和表现，采取有效的对策，个体可以逐步打破这一限制，释放自身潜能，实现个人价值和社会贡献。请记住：机会在一次次的自我设限中溜走。

四、归错于外

归错于外，即将错误归咎于外部因素，作为一种常见的心理现象，它反映了个体在面对挑战和失败时的一种心理防御机制，长此以往，它会限制个人的成长和社会的发展。

1. 心理成因

（1）自我保护机制。归错于外是一种自我保护机制的体现，个体通过将失败归因于外部因素，来保护自己的自尊心和自我形象，避免自我价值受损。

（2）认知偏差。由于认知上的局限性和偏差，个体往往难以全面、客观地评估事件的原因，导致容易将问题外化。

（3）环境与教育因素。成长环境和教育方式也对个体形成归错于外的心理倾向有重要影响。过度的保护、缺乏责任感的培养等，都可能导致个体形成这种心理倾向。

2. 表现形式

（1）回避责任。在工作、学习和人际交往中，面对不利结果或反馈时，倾向于将责任推托给外部条件或他人。

（2）消极应对。面对挑战或困难时，容易采取消极的态度，缺乏积极主动寻求解决方案的意愿。

（3）人际关系紧张。长期的归错于外会导致个体与他人的关系紧张，影响团队合作和社会交往。

3. 影响及反思

（1）个人成长受阻。归错于外的心态限制了个体从失败中学习和成长的机会，阻碍了个人能力和素质的提升。

（2）社会效率下降。在团队和组织中，归错于外的现象会降低团队的凝聚力和工作效率，影响整体的发展和进步。

（3）文化氛围负面。广泛地归错于外心态会形成一种消极的社会文化氛围，不利于社会的正向发展和和谐。

4. 突破策略

（1）增强自我反思。通过定期的自我反思，诚实地面对自己的弱点和错误，学会从自己内部寻找原因和解决方案。

（2）培养责任感。通过设定个人目标、承担具体任务等方式，逐步培养和增强个人的责任感。

（3）改变认知模式。通过心理辅导、认知行为疗法等专业方法，帮助个体识别和改变归错于外的认知偏差。

（4）建立积极环境。家庭、学校和社会应共同努力，为个体提供一个鼓励承担责任、正视挑战的积极环境。

（5）加强关键时刻的干预。当出现这种情绪时，可以适时进行心理干预，不要急于归错于外，冷静下来，对内外部进行客观的分析，听取一下外部的评价和建议。

【案例】我在给一些企业做顾问时，参加他们的经营分析会，就经常会看到这种归错于外的情况。当公司或团队的经营结果不理想时，领导组织大家分析原因时就可以看到语言表达的艺术在这个时候展现得淋漓尽致："我认为这件事情我有责任，但是……"请注意这个"但是"。这就是关键所在，大家往往都会把最大的责任往外推，归错于外部原因。导致企业无法找到影响经营结果真正原因，从而错过解决真实问题的机会，让企业的经营陷入被动和内耗。这种情况下的归错于外，对公司的伤害非常大。

五、归错于条件欠缺

我们先来做一个小测试，杯子里半杯水，如图 5-1 所示。

图 5-1　半杯水

第一眼看到后，您的内心第一反应是什么 . ?

A. 怎么只有半杯水?　　　　B. 至少还有半杯水?

请问您内心的第一反应是 A 还是 B ?

A 为半空状态，表达的是只有半杯水，眼中看到的是还欠缺那么多。这是一种相对消极的心态，更喜欢讨价还价要资源。

B 为半满状态，表达的是还有半杯水，眼中看到的是已经有了一些。这是一种相对积极的心态，敢于在现状中行动和突破。

而归错于条件欠缺则是属于半空状态的表现。这个心魔成了许多人所面临的一个普遍心理障碍。这种心态指的是当个人在追求目标或面对挑战时，将失败或不足归咎于外部条件的不利，如资源匮乏、环境限制、条件不具备等，而忽视了自身努力和策略调整的可能性。

1. 心理成因

（1）自我保护机制。将挑战或失败归因于外部条件，可以减轻个体的心理负担，保护自尊心不受损害，是一种心理自我保护的表现。

（2）认知偏差。由于个体的认知局限，往往容易高估外部条件的限制作用，而低估自身改变现状的能力，形成了一种认知上的偏差。

（3）环境与经验。个体的成长环境、过往经验和社会文化背景也会影响其归因倾向。在过度强调外部条件影响的环境中成长，容易形成归错于条件欠缺的心态。

2. 表现形式

（1）目标设定过低。因担心外部条件的限制，个体在设定目标时往往保守，不敢设立高远的目标。

（2）行动力下降。认为成功依赖于外部条件，导致个体在面对挑战时缺乏积极主动的行动，容易放弃。

（3）创新能力受限。将问题归因于条件欠缺，个体往往不会积极寻找创新的解决方案，限制了创新能力的发展。

3. 影响及反思

（1）个人潜能未充分发挥。归咎于条件欠缺的心态限制了个体挑战自我、尝试新事物的勇气，导致个人潜能未能得到充分发挥。

（2）机会错失。因过分关注外部条件的不足，个体可能会错失利用现有资源创造机会的可能性。

（3）社会进步受阻。如果这种心态在社会范围内普遍存在，将影响社会整体的创新力和进步速度。

4. 突破策略

（1）增强自我效能感。通过积极的自我暗示、成功经验的积累等方式，增强个体对自己影响结果的信心和能力感。

（2）调整目标设定。合理设定短期和长期目标，即使在资源有限的情况下，也要鼓励自己迈出实现目标的第一步。

（3）培养问题解决能力。通过学习和实践，提升解决问题的能力，特别是在资源有限的情况下如何创造性地寻找解决方案。

（4）积极心态建设。培养一种积极的心态，相信自己能够超越外部条件的限制，把握并创造机会。

（5）可以经常反问自己真的全力以赴了吗？有没有被所谓的身份、面子所束缚？有没有全力以赴、必须拿下的决心？

当我们在遇到困境感到无法突破时，可以尝试多问自己：我还能做什么，让这件事好一点，哪怕是一点点。在这个时候往往会产生一些灵感，找到解决问题的有效办法。

第二节　实现自我价值最大化

在个人发展的旅程中，要想摆脱被市场和环境左右的“韭菜”命运，关键在于聚焦自身的核心竞争力，要有足够的战略定力。通过不断学习和自我提升，实现自我价值的最大化。

一、核心理念

实现自我价值最大化的核心理念是核心竞争力、持续学习和自我反思。

1. 核心竞争力的重要性

在激烈的市场竞争中，个人的核心竞争力是其立足之本。通过聚焦自身的优势和兴趣可以更深入地挖掘潜力，形成独特的市场定位。特别是人工智能时代，我们会发现越来越先进的科学技术，会让很多工作消失。越来越多的超级个体的出现，进一步说明了核心竞争力的重要性。

2. 持续学习的力量

技术和市场的变化日新月异，只有持续学习，才能跟上时代的步伐，避免成为信息和技术更新换代的牺牲品。学习确实很重要，但也不能忽略了实践行动的价值。最可怕的是有些人把学习当成了救命稻草，陷入学习中无法自拔。还有些人因为过度地追求学习，想学习各种新知识、新方法、新技术，从而变成某些人眼中的“韭菜”，被割了一次又一次。

3. 自我反思的必要性

定期的自我反思能够帮助我们认清自身的成长方向和存在的问题，从而做出更明智的决策。通过对自己当下的状态、关键的核心任务、工作结果进行反思，可以有效避免像个无头苍蝇一样迷失方向。有时候人容易陷入当局者迷的处境中而不自知，可以寻求导师指导。

二、心法

心法主要包括自我认知、长期规划、积极心态、战略定力和提升效率。

1. 自我认知

深入了解自己的兴趣、优势和价值观，明确个人发展的大方向。这是一个长期的工作。有很多人花了一生的时间都无法认知自己。认知自己最好的方式就是多尝试。在实践中发现自己的优势、兴趣、价值取向等。

2. 长期规划

设定长期的职业发展规划，不为短期的起伏波动所动摇。认准了符合社会、市场发展需求的方向，就要学会设定阶段性的目标和计划。分阶段实现目标，动态优化和修正。

3. 积极心态

保持积极向上的心态，面对困难和挑战时，不会轻易动摇，能够坚持自己的选择，不轻易放弃。有时候需要如前面所讲到的那样，要能够屏蔽别人对您的评价，不要太在意外界的声音，让自己更加专注于目标。

4. 战略定力

认准方向，要充分相信自己的能力与努力，坚定目标不轻易动摇。切忌既要、又要、还要的心理，导致事事想成，最终一事无成的局面。

5. 提升效率

社会发展很快，机会稍纵即逝。对于看准了的事情，要果断下手，不要太纠结。要敢于向有结果的人学习，甚至是付费学习。用金钱换时间和空间，赢得先入为主的机会，可能获得更大的财富。

三、方法

方法主要包括目标设定、资源分配和持续反馈。

1. 目标设定

根据个人兴趣和社会、市场需求，设定清晰的短期和长期目标。没有目标，人真的很难成功，除非是运气好，进入了风口行业或企业。但过了风口和红利期后，也还是要有明确的目标和可控的行动计划，精细化地经营，才会更好地发展。

2. 资源分配

合理分配时间和资源，优先投入到能够提升核心竞争力的领域。人的时间和精力是有限的，要梳理清楚自己的关键任务和必赢之仗，把有限的资源和精力投入到能够为我们带来更大回报的任务中去。

3. 持续反馈

可以找一位信得过、靠得住的导师，定期反馈并评估自己的学习成果和职业发展进度，及时调整策略，动态管理，实时优化。

通过上述的心法和方法，我们可以更加聚焦于个人成长和发展，提升自我价值，最终摆脱“韭菜”命运，成为自己职业生涯的主人。

【案例】我曾经有一段时光非常迷茫，那段时间，整个人非常焦虑。主要是：

（1）自己很想有一番成就，想多赚钱，让家人过上更好的生活，可是当时因为一直没有构建起自己的核心竞争力，看起来好像什么都会一点，但缺少真正有力的个人核心能力和拳头产品，无法为社会、为企业或为个人创造价值。

（2）感觉这个也想做，那个也蛮好，所以在这段时间就不断地到处了解各种信息，甚至参加很多的培训，费用投入很多不说，时间和精力也投入了很多。但终究是“东一榔头，西一棒槌”，一事无成，成了名副其实的“韭菜”。

（3）找不到突破口，时间一长，就会怀疑自己。这时整个人的情绪很差，焦虑、烦躁、脾气暴躁等，很容易造成与家里人的关系紧张，上影响父母，下影响孩子，夫妻关系也很紧张。

（4）这时，上面所述的心法和方法是我的救命良药，帮我走出“沼泽之地”。我先沉下心来，界定清楚自己的优势，分析社会需求，用长期主义构建了自己的核心竞争力，一步一步地突破，实现一个个里程碑式的目标，积少成多。

人真的需要学会聚焦。犹如滴水穿石，强大的不是水，而是时间。聚焦让我们可以更好地强化力量，形成标签。如果我们提交的结果足够让人认可和信任，再配上相应的杠杆，则大事可成。

本章小结

在本章中，我们深入探讨了个人成长过程中常见的五大心魔，以及如何克服这些心理障碍，实现自我超越和职业发展。以下是本章的核心要点：

1. 归功于内

（1）问题。过分将功劳、成就归因于个人，忽视外部因素如运气、时机或他人的支持。

（2）影响。可能导致自我提升障碍、紧张的人际关系和忽视平台作用。

（3）策略。通过正念和反思、感恩练习、寻求反馈和合作分享，来认识到外部因素的价值。

2. “差不多先生”

（1）表现。在工作中敷衍了事，生活中缺乏追求，学习上满足于表面理解，行动上浅尝辄止。

（2）影响。阻碍个人的成长，团队的进步和企业发展，反映社会文化缺失。

（3）策略。加强教育引导，建立以质量为核心的企业文化，个人应提升自我要求和能力。

3. 自我设限

（1）成因。社会文化、个人经历和认知偏差。

（2）表现。低目标设定、回避挑战和负面自我对话。

（3）影响。限制个人潜能、创新能力和社会发展。

（4）策略。增强自我认知，设定合理目标，积极心理建设，持续学习和挑战自我。

4. 归错于外

（1）成因。自我保护机制、认知偏差和环境教育因素。

（2）表现。回避责任、消极应对和人际关系紧张。

（3）影响。阻碍个人成长，降低社会效率，形成负面文化氛围。

（4）策略。增强自我反思，培养责任感，改变认知模式，建立积极环境。

5. 归错于条件欠缺

（1）成因。自我保护、认知偏差和环境经验。

（2）表现。目标设定过低、行动力下降和创新能力受限。

（3）影响。未充分发挥潜能，错失机会，阻碍社会进步。

（4）策略。增强自我效能感，调整目标设定，培养问题解决能力，积极心态建设。

6. 实现自我价值最大化

（1）理念。核心竞争力的重要性，持续学习的力量，自我反思的必要性。

（2）心法。自我认知，长期规划，积极心态，战略定力。

（3）方法。目标设定，资源分配，持续反馈。

进阶篇

通过进阶篇，我们将探讨具体的策略和技巧，以及各种实用的方法，练好基本功，在职场竞争中脱颖而出，同时也找到工作与生活的平衡状态，以及掌握个人成长的终极大招：经营思维，享受每一次成长和成功。

第六章　个人成长的十项基本功

一个人的成功并非偶然，它依赖于基本功的扎实培养和持续实践。这些基本功不仅是职场生存的基石，更是推动个人职业发展和实现长期目标的关键。

在本章中，我们将探讨个人成长所需要一系列基本功的支撑。掌握向上管理、接收工作指令、问题分析与解决、会议技巧、时间管理、处理异议、团队协作、高效沟通、换位思考和情绪管理等技能，可以帮助我们在职场中更加高效地工作，更好地与他人合作，构建自己的核心竞争力，从而更快地实现个人职业目标。

第一节　向上管理技巧

向上管理是首先需要掌握的基本功。在职场中，向上管理是一种非常重要的技能，它不仅能帮助个人在组织中更好地定位自己，还能促进个人与上级之间的有效沟通和合作，从而实现职业发展的目标，但问题是很多人根本就不会向上管理。向上管理的技巧可以概括为“四要一给”，即脸皮要厚、心里要强、嘴巴要软、手上要勤，以及超预期给结果。本节深入分析这“四要一给”的内涵及其在职场中的实践应用。

一、脸皮要厚

在适当的时候，向上级提出合理的建议或反馈，展现出积极主动的态度，这需要克服内心的恐惧和羞涩，敢于站出来为自己的想法发声。同时，脸皮要厚也是指不要太在意别人的评价，要主动积极向领导进行沟通和反馈。

实践应用：在提出建议前，做好充分的准备，确保自己的建议是基于事实和数据的。同时，学会使用恰当的方式和在适当的时机表达自己的观点，避免冒犯上级或造成不必要的误会。

二、心里要强

在面对工作中的压力、挑战或是上级的批评时，能够保持积极乐观的心态，不轻易被外界因素影响。这需要具备强大的内心，能够自我激励，同时具备一定的抗压能力。不能轻易玻璃心、不能一遇到批评就陷入消极悲观的情绪中。

实践应用：培养自我认知，了解自己的情绪和反应模式，通过正念冥想、情绪调节等方法提高自我控制力。在遇到挑战时，学会从中寻找成长的机会，将其视为提升自我的途径。

三、嘴巴要软

在与上级沟通时，要注意语言的选择和表达方式，避免直接冲突，学会巧妙地表达自己的意见和需求。良好的沟通技巧能够帮助减少误解，建立起相互尊重和信任的关系。通俗点说就是嘴巴要甜。

实践应用：在表达不同意见时，先肯定上级的观点或决定，然后再提出自己的看法。使用“我觉得”而非“您错了”这样的表述，减少对立情绪。同时，学会倾听上级的反馈，进行有效的双向沟通。

四、手上要勤

在工作中要勤奋努力，不仅仅满足于完成分配的任务，还要主动承担额外的责任，关键时刻要有补位意识，展现出色的执行力和工作热情。这能够有效提升个人在上级心目中的形象，能执行、会落地、有结果，为职业发展铺路。

实践应用：主动寻找提高工作效率和质量的方法，不断优化工作流程。在完成任务时，注意细节，确保工作质量。同时，主动承担团队中的关键任务，展现自己的能力和价值。

五、超预期给结果

超预期给结果是向上管理中的高阶实践。在完成工作任务时，能够超越上级的期待，提供更多的价值。这不仅能够增强个人的职场竞争力，还能够为团队和组织带来更大的利益。

实践应用：在接到任务时，先要与上级确认并共识其预期要达到的结果，并思考如何能够做得更好，是否有创新的方法可以尝试。在工作中，保持高度的主动性和创造性，不断寻求超越自我和超越期望的机会。

总之，向上管理的“四要一给”不仅是职场生存的技巧，更是个人成长和职业发展的重要途径。通过勇于表达、建立自信、良好沟通、勤奋工作，以及超预期给结果，我们可以有效地管理与上级的关系，可以获得更多的资源，能够形成良好的职场关系，收获更多信任和机会，实现个人价值的最大化。

第二节　接收工作指令

在快节奏的商业环境中，清晰、高效地接收工作指令不仅是基本技能，更是我们走向成功的必经之路。本节旨在探讨清晰、高效地接收工作指令的重要性、步骤与要领、常见问题及处理方法，并通过真实案例，使理论与实践相结合，方便我们更好地理解这一基本功的内容和掌握这一关键技能。

一、重要性

接收工作指令的过程就是信息传递和理解的过程，它直接影响任务的执行效率和完成质量。正确理解指令能够确保任务按照预期目标推进，避免误解和重复工作，从而节约时间和资源，提升团队整体效能。据统计，在职场中有70%以上的工作执行效果不理想都是因为布置或接收工作指令不够精准而造成的。

会接收工作指令的人，领导常常表扬："这个人很有悟性，一说他就明白要怎么做了。"不会接收工作指令的人，则会被批评："我说这么多，你怎么就听不明白呢。"这两种情况，您说哪一种更容易被认可呢？

二、步骤与要领

在职场中，接收工作指令的关键步骤以下：

（1）明确听取。积极倾听，确保无遗漏地接收全部信息。使用笔记工具记录关键点，必要时通过询问进行反复确认，以避免任何可能的误解或遗漏。

（2）理解深入。不仅要理解任务的字面意义，还要探究其背后的目的和预期成果。这有助于在执行过程中做出更合理的决策。

（3）提问有效。对不清楚或不确定的地方，要勇于提问。合适的问题可以帮助我们更深入地理解任务要求和结果对齐共识，避免后续的返工和调整，可以有效提高工作效率。

（4）反馈确认。通过自己的话语反馈指令内容，让下达指令的一方进行确认，这是确保理解正确的重要步骤。

（5）制订计划。根据接收到的指令，制订详细的执行计划，包括任务分解、时间安排和资源配置等，并可以与下达指令一方进行汇报，并达成共识。

三、常见问题及处理方法

常见问题及处理方法如下：

（1）信息过载。当接收的指令信息量过大时，容易遗漏或混淆细节。

处理方法：学会运用结构化的工具、图表、列表等工具整理信息，保持信息的条理性和清晰度。记录信息也可以采用5W2H1R（参见图4-5）结构进行信息的记录，确保基本信息不遗漏。

（2）指令含糊不清。模糊的指令会导致执行偏差，影响任务结果。

处理方法：主动寻求明确，通过提问的方式获取更具体的执行细节和标准。可以主动复述向领导进行确认，是否您的理解和对方的表达是一致的。

（3）问题：害怕提问。担心提问会给人不专业或不自信的印象。

处理方法：树立正确观念，一定要明白提问是为了更好地完成任务，是职业态度的体现。提问是为了更好地确认理解信息的一致性。

【案例】张明是一家知名软件公司的项目经理。在一个跨部门项目中，他接到上级的工作指令，负责开发一款新的软件。初次听取指令时，由于信息量大且涉及很多技术细节，张明感到有些吃力。

实践应用步骤如下：

（1）明确听取与记录。张明使用笔记本电脑详细记录关键信息，并在会议结束前重点确认了几个关键的执行细节。

（2）理解与提问。在整理笔记时，张明发现自己对某些技术参数的理解不够深入，于是他通过电子邮件和电话的方式向相关技术专家提出了具体问题，并得到了详细的回复。

（3）反馈与确认。在下一次项目会议中，张明向上级和项目团队反馈了自己的理解和计划安排，得到了确认和一些细微的调整建议。

（4）执行计划。他根据确认的指令内容制订了详细的项目执行计划，包括阶段性目标、责任分配和时间节点等，并成功指导他的团队按计划高效执行。

通过张明的案例，我们看到了接收工作指令的正确步骤和方法的重要性。作为职场一员，我们应该时刻保持积极的沟通态度，通过有效地听取、理解、提问和反馈，确保任务能够准确无误地执行。掌握这些技能，不仅可以提升个人的工作效率，也能为团队和企业创造更大的价值。

第三节　问题分析与解决

问题分析与解决，这也是每个个体必修的基本功之一。我们每个人每天都会面临各种问题和挑战。拥有高效的问题分析与解决能力不仅是个人职业发展的加速器，更是提升团队和企业整体表现的关键。对于问题的定义、分析、解决是每个个体都要训练和掌握的能力。拥有一套完整的分析与解决问题的底层逻辑，可以提高我们思考问题的深度和处理问题的力度。

一、关于问题的定义

定义问题本身可能比解决问题更重要。什么是问题？美国问题管理专家理查德·查尔斯·莱文将问题定义为："什么时候发生了什么不愿意看到的结果？"请注意，这句话有两层意思：其一，什么时候？一定要明确地知道问题发生的时间。其二，什么不愿意看到的结果？这个不愿意看到的结果可能是理想与现实之间的差距，也有可能是事物的现状与原状存在的差异，还可能是由于决策或人为失误因素导致最终结果不是预想要的。总之，在他看来任何阻碍达成预期目标或者使预期目标发生偏差的情况都是存在的问题。麦肯锡咨询公司把问题大致分为三类：

1. 恢复原状型问题

恢复原状型问题是把事物原来的状态视为期待的状态，目前已经呈现的现状是低于原来状态的，这类问题的解决方法是恢复原状。比如，企业一名有经验的老员工离职，而新入职的员工技能不足导致了工作效率低下，工作差错率居高不下，很明显这是一个恢复原状型的问题，只要通过提升新员工工作技能就能将问题恢复到老员工在职时的状态。又如，之前公司产品合格率为 99.5%，但因公司调整生产工艺导致目前的产品合格率仅为 97%。同理，公司现在要做的是通过持续优化工艺将产品合格率提升至原来的状态。

2. 追求理想型问题

追求理想型问题是现在的状态未满足期望，这类问题的解决方法是达成期望。比如，企业确定了每年 30% 的业绩增长目标，但资源不足、策略不明确或员工执行不力等原因导致业绩增长只有 10%。这个问题是现状与期望状况之间存在差距，要解决这一问题，就需要通过增加资源配置、再次明确经营策略、提升员工执行力等手段缩小现状与期望值之间的差距。

3. 防范潜在型问题

防范潜在型问题是目前无大碍，但如果置之不理或者置若罔闻的话，将来会出现不良情况。这类问题的解决方法是保持现状，需要企业具备较强的前瞻性，对未来可能发生的问题做到提前预防。比如，由于公司员工激励体系不健全，虽然目前员工队伍还算稳定，但不能保证未来还能够持续维持现在的状况，这个问题就是一个典型的防范潜在型问题。企业要想杜绝未来由核心员工离职造成的对业务的伤害，就需要对企业员工激励体系提前进行优化。

二、分析与解决问题的步骤与要领

分析与解决问题的步骤与要领如下：

（1）准确识别问题。清楚地界定问题的实质，区分问题的症状与根源。

（2）进行原因分析。运用逻辑思维和工具（如 5W1H、鱼骨图等），从多个角度探索问题的根本原因。

（3）制订解决方案。基于深入分析，提出切实可行的解决方案，考虑方案的实施难度、成本和预期效果。再分解为详细的行动计划推进表。

（4）实施并跟踪。执行解决方案和行动计划，同时监控执行过程和结果，适时调整策略以确保问题得到有效解决。

（5）反思与学习。问题解决后，进行反思总结复盘，从中学习经验，总结规律，提升未来深度思考和解决问题的能力。

三、常见问题及处理方法

常见问题及处理方法如下：

（1）问题识别不准确。可能会对表象症状而非问题本身的根本原因采取行动。

处理方法：深入调查和分析，使用 5W1H 方法来帮助明确问题的实质。

（2）原因分析表面化。未能触及问题的根本原因。

处理方法：采用因果图、5why 法等工具，从多维度深入挖掘问题根源。

（3）解决方案实施困难。方案可能在理论上可行，但实际操作中遇到阻碍。

处理方法：制订详细的实施计划，明确每一步的执行人、时间和预期成果，必要时调整策略。

【案例】李华是某跨国公司的中层管理者，近期发现所在部门项目交付效率低下，影响了客户满意度和团队士气。

实践应用步骤如下：

（1）准确识别问题。通过会议讨论和数据分析，李华明确问题不仅仅是延期交付，更深层的问题是项目管理流程存在瑕疵。

（2）进行原因分析。运用因果图工具进行梳理，李华带领团队发现了多个影响项目效率的关键因素，包括沟通不畅、资源分配不合理等。

（3）制订解决方案。针对分析结果，李华提出了一系列改进措施，如优化资源分配机制，加强项目进度的定期回顾与调整。

（4）实施并跟踪。改进措施得到执行，李华定期监控项目进展，并适时调整策略。

（5）反思与学习。项目效率明显提升后，李华总结经验教训，整理成文档课件，与团队分享，为解决未来问题打下基础。

通过李华的案例，我们看到个人问题分析与解决能力的重要性及其实际应用的要领。作为职场人士，不断提升问题分析与解决能力，不仅能帮助我们有效应对工作中的挑战，还能促进个人职业成长和团队发展。

四、个人职业问题的五种可能

个人职业发展过程中，常见的问题主要表现为五个方面。

1. 方向不明

（1）表现：①缺乏明确的职业目标或生涯规划；②在工作选择上犹豫不决，难以做出决策；③感到工作缺乏意义，难以找到工作的价值和满足感；④对未来职业道路感到焦虑和不确定；⑤想要的太多，总感觉这个想要做，那个也想要做。

（2）影响：①不清楚未来方向的人很难长时间保持高昂的工作热情；②缺乏目标导向的工作往往效率低下，因为无法集中精力于最重要的任务上；③未明确职业方向的个体可能错失发展机会，因为他们无法针对性地提升技能或构建起相关的资源网络。

（3）深度分析：①快速变化的职场环境和技术进步使得一些职业快速消亡，而新的职业机会又需要全新的技能，这种变化让人难以把握方向；②随着个人成长或周边环境的变化，内在的价值观和对工作的期望可能发生变化，原有的职业路径可能不再契合个人的期望；③现代社会信息量巨大，而缺乏有效的筛选和分析，使得人们难以从众多信息中找到适合自己的方向。

（4）应对策略：①在折腾中思考自己的兴趣、优势、价值观和职业愿景，可以通过写日记、职业咨询或心理测评工具来帮助自我探索；②基于折腾中的自我反思结果，设定短期和长期的具体目标（使用 SMART 原则来确保目标的可实施性）；③寻找职业导师、有结果的前辈参加专业研讨会或加入行业协会，获取职业发展的见解和建议；④针对选定的方向，制订持续学习计划，利用各种培训学习、书籍和交流会等资源来提升自己的知识和技能；⑤与同行、合作伙伴建立联系，加入职业相关的社交网络和交流圈，与他人分享经验，可以获得宝贵的见解和支持；⑥将目标分解为可行的小步骤，并采取行动实施，实践是探索和确认职业方向的最佳方式。

总之，方向不是坐在家里想出来的，一定是要在实际的行动中去折腾，才可能更快地找到方向。

2. 目标不清

（1）表现：①无法确定职业发展的具体方向或下一步行动计划；②在决策时犹豫不决，频繁更改选择；③工作没有动力，往往是走一步看一步；④工作成就感低，容易感到职业发展停滞不前。

（2）影响：①缺乏明确目标的个人往往难以实现知识和技能的有针对性提升；②未设定清晰目标可能导致错过与长期职业目标相匹配的机会；③当工作和学习不再与个人目标和愿望相一致时，工作动力和职业满足感将大大降低。

（3）深度分析：①未能深入了解自己的兴趣、优势、价值观等，导致无法确定符合自身定位的职业目标；②对行业发展趋势、职业路径和所需技能认识不足，缺乏足够信息来支持目标设定；③受家庭、社会期望或同侪压力影响，导致目标与个人真实愿望不符；④对失败的恐惧和对未知的不确定感，使个人在设定目标时过于谨慎，难以作出决定。

（4）应对策略：①通过心理测试、职业规划工作坊等方式加深对自己兴趣、优势和价值观的理解，保持自我反思的习惯，定期评估自己的职业满足度和发展方向；②走出去利用在线资源、行业报告、专业研讨会、沙龙交流等方式，了解最新的行业趋势和技能需求，建立职业导师关系，获取行业内部的深入见解和建议；③根据自我认知和信息获取的结果，设置目标，将长期目标分解为短期目标和行动计划，以小步快跑的方式逐步实现，逐步建立信心；④学习接受不确定性，将其视为探索和学习的机会，培养抗压能力和适应能力，面对挑战时保持积极的态度；⑤定期检查目标的实现进度，评估是否需要根据实际情况进行调整，保持开放性，对新的信息和机会持续敏感，以便及时调整职业规划。

总之，一个明确的目标，对个人的发展非常重要。有了清晰的目标，过程中的困难和问题往往就没有那么重要了。

3. 方法不对

（1）表现：①即使付出了大量的努力和时间，也难以看到成效；②明确的目标和努力方向下，进展缓慢，目标难以达成；③在错误的方法上消耗过多的时间、精力和财力；④持续的低效率和失败经历，可能导致个人士气和动力下降。

（2）原因分析：①未能获得解决特定问题所需的正确信息，或者缺乏必要的知识和技能；②过度依赖经验。对过去成功的方法过度依赖，即使面对不同的问题也试图用同样的方法解决；③随着外部环境和条件的变化，未能及时调整和更新方法；④与相关利益者或与外部专家的沟通不畅，导致方法选择不合适或执行不到位；⑤在行动之前，未能充分分析问题和规划解决方案。

（3）应对策略：①定期参与相关培训和学习，更新个人的知识库和技能，确保能够掌握解决问题的最新方法，以及找这方面的专家，虚心请教；②培养批判性思维和创新思维，学习如何从不同角度和新的视角审视问题，通过头脑风暴、思维导图等技巧，激发新的解决方法；③建立高效的沟通机制，确保与相关利益者之间的信息共享和意见交流，鼓励多沟通合作；④根据反馈和结果，及时调整方法和策略。保持灵活和开放的态度，对于不起作用的方法要勇于放弃，实践迭代法，即小步快跑，快速试错，然后根据反馈进行调整；⑤在采取行动前，进行彻底的问题分析，明确问题的本质和背后的因素，设计详细的解决方案和实施计划，明确每一步的目标、方法和预期结果。

4. 能力不足

（1）表现：①常常无法满足工作要求，完成的任务需要重做或经常出错；②面对新工具或技能的学习感到吃力，难以跟上行业发展的步伐；③在新的工作环境或团队中，难以快速融入和展现价值；④长时间停留在同一职位或水平，晋升机会少。

（2）原因分析：①在快速变化的行业中，未能及时更新相关知识和技能；②理论知识虽然充足，但缺乏将知识应用到实践中的经验；③采取的学习策略或方法可能不适合个人的学习风格，导致学习效率低下；④缺乏自信，恐惧失败，导致在学习和实践中畏难不前；⑤缺乏足够的学习资源和指导，无法获取有效帮助。

（3）应对策略：①制订个人学习计划，定期参与在线课程、研讨会和行业会议等，不断更新知识库，利用专业书籍、专业杂志、行业报告等多种资源，保持对新知识和技能的敏感度；②在日常工作中积极寻求实践机会，将所学知识应用到具体任务中，通过实践加深理解，寻求同事和上司的反馈，了解自己在哪些方面需要改进，哪些方面已经做得不错；③探索和找到适合自己的学习方法，比如通过视觉、听觉或实践学习。设置明确的学习目标和检查点，以量化进度和成果；④通过小规模的成功体验建立自信，比如完成一个小项目或掌握一项新技能，学习接受失败作为成长的一部分，将失败视为学习和进步的机会；⑤加入专业社群和论坛，扩大职业网络，获取更多学习资源和机会。寻找职业导师或指导老师，获取一对一的指导和建议。

5. 信息不准

（1）表现：①基于错误的信息做出的决策，可能导致职业发展与个人目标和市场需求背道而驰；错误的市场信息可能导致个人在不再受市场欢迎或即将过时的技能上投入时间和资源，很容易被割“韭菜”；②由于缺乏准确的行业动态，可能错过重要的职业发展和学习机会；③面对信息的不确定性，个人可能在重要决策上犹豫不决，从而错失最佳时机。

（2）原因分析：①过分依赖单一的信息来源，未能从多个渠道获取信息，导致信息的局限性和偏差；②在使用信息前未进行有效验证，容易接受未经证实的事实和数据；③在快速变化的行业中，过时的信息仍被用来指导决策；④个人倾向于接受符合自己预期和信念的信息，忽视或排斥与之相反的数据。

（3）应对策略：①多渠道获取信息，包括行业报告、新闻媒体、专业论坛、网络研讨会等，建立和维护职业网络，利用人际关系获取第一手的行业动态和趋势；②对收集到的信息持批判性态度，学会区分事实与观点，验证信息的来源和可靠性，培养对不同观点的开放性，避免信息的选择性接受；③定期审视和更新个人的知识库，订阅行业新闻和报告，参与相关的培训和进修课程，确保所依赖的是最新信息；④学习如何从不同的信息源中整合信息，构建全面和多维的视角，使用信息管理工具，如RSS（聚合内容）阅读器、内容聚合平台等，高效管理和筛选信息；⑤在决策后，通过实际结果来验证信息的准确性，形成闭环的学习和改进机制，主动寻求反馈，特别是从决策的直接影响者那里，以此验证信息和决策的有效性。

总之，清晰地认识问题，掌握系统地分析与解决问题的底层逻辑和方法，对每个个体来说，是一项必修课。当然，并不是每个问题都要这样按部就班地来分析和解决。但当这个底层逻辑变成我们的思考模式时，我们就可以高效地分析和解决问题了。

练习：根据上述问题分析与解决技巧，结合自身的现状，找出我们当下所面临的主要问题是什么呢？根本原因是什么？准备如何解决？

五、解决问题的闭环结构流程

综合上文，给大家一个分析与解决问题的闭环结构流程。这个闭环流程对于我们系统地分析与解决问题非常有实用价值。掌握这个闭环流程，对于复杂问题的分析与解决，也基本上能够有据可依、有法可循。

1. 闭环结构流程

这是一个由8个步骤组成的闭环流程，如图6-1所示。每一个步骤都非常关键，也有相应的方法技巧，这些方法技巧都融合到本书的其他各个模块中，需要我们融会贯通。

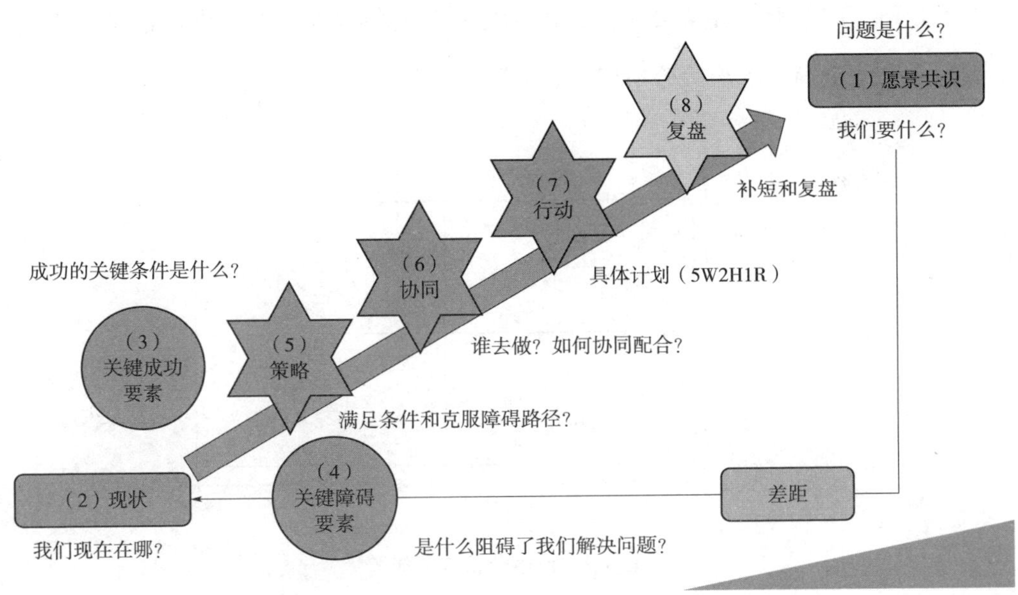

图6-1　问题分析与解决的闭环流程

（1）定义问题。找到真问题而不仅仅是表面所呈现出来的现象。

（2）分析现状。分析清楚我们现在所处的环境和所具备的条件。

（3）关键成功要素。分析推动解决这个问题的关键成功要素。

（4）主要障碍要素。分析阻碍问题解决的主要障碍要素。

（5）梳理关键策略。通过上述分析，梳理解决问题的关键策略路径。

（6）制订实施方案。根据策略路径制订可行的行动项目方案。

（7）制订具体计划。制订符合 5W2H1R 原则的具体行动计划。

（8）动态复盘优化。做好过程的管理，实行动态的复盘调整。

2. 决策矩阵

在第五步梳理关键策略时，我们会遇到一种常见的情况：梳理出来很多策略。那是不是所有的策略都是需要投入时间精力去实施的呢？该如何做出取舍决策呢？下面给大家一个简单的决策分析模型，如图 6-2 所示。

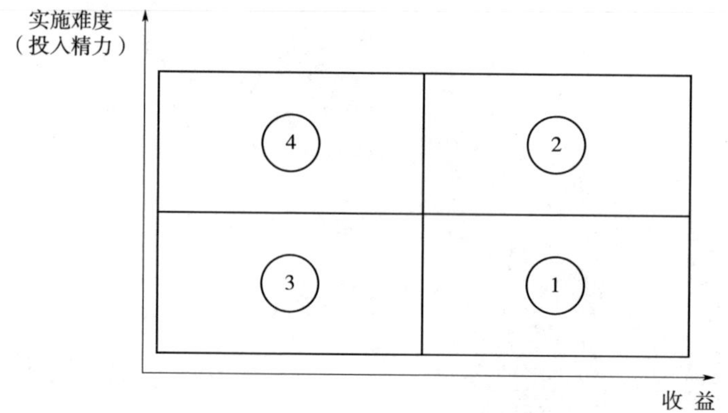

图 6-2　价值分析决策矩阵

价值分析决策矩阵由两个维度组成了一个二维分析模型。在这个矩阵中，第一象限属于投入小或实施难度小，但是收益大的，应该优先做。第二象限属于投入大或实施难度大，同样收益也大的，该象限次之。第三象限属于投入小或实施难度小，同样收益也小的，适当地考虑做。第四象限属于投入大或实施难度大，但收益小，不要考虑。

将我们梳理出来的各项策略逐一进行分析，分别放到相应的象限中，基本上就能够清晰地判断哪些策略是需要重点优先去做的了。

第四节　会议技巧

人在职场混，哪能不开会？会议在职场中扮演着至关重要的角色，无论是自己主持会议还是参与会议，高效会议对于提升工作效率和团队沟通都至关重要。以下是一些实用的会议技巧。

一、主持会议的技巧

在工作中，我们经常需要主持各种会议，因此需要学习和掌握主持会议的流程技巧，这些对于开好会议至关重要。

1. 明确会议目的

在会议开始前，明确会议的目标和预期成果。这有助于保持会议的焦点，确保讨论不会偏离主题。在会议正式开始的时候，要和所有参会人员进行说明，达成共识，让大家都明确本次会议的目标，这样有助于高效开会。

2. 准备会议议程

提前制订详细的会议议程，并与参会者分享。议程应包括每个议题的讨论时间，以及谁将负责介绍和讨论这些议题。

3. 控制时间

作为主持人，需要严格控制讨论时间，确保会议能够按时开始和结束。对于偏离主题的讨论，应适时引导回到议程上来。

4. 鼓励参与

创造一个开放和包容的会议氛围，鼓励每个人发言和分享观点。确保所有的声音都能被听到，可以通过提问或指名的方式促进参与。

5. 总结会议要点

在会议结束时，总结讨论的要点和达成的共识，明确下一步的行动计划和负责人。

6. 注意事项

第一，主持人不要迟到；第二，可严格会场纪律并以身作则；第三，对于会上不正之风要敢于制止；第四，要善于察言观色并控好会场氛围。

二、结构化会议的技巧

可以多学习一些结构化会议的技巧，这些对于带领、管理团队非常有效。下面给大家分享几个常用的会议结构流程技巧。

1. 复盘会议

复盘会议是一种旨在从已完成的项目或事件中学习经验、总结教训，提炼最佳实践的会议。这是每一位职场精英必须学习并熟练掌握的会议技巧。复盘会议核心流程其实就是：回顾目标、评估结果、分析原因、总结经验、记录存档。为了让大家更好地理解和掌握，我们进行了详细的拆解，以下是复盘会议的基本流程和注意事项。

1）会议流程

（1）准备阶段：①确定会议的目的，如评估新产品发布的成效；②选择参与者，如项目团队成员、市场部门、销售代表等；③发送会议邀请，明确指出会议的主题、时间、地点和预期参与者的准备工作。

（2）收集数据。主要是收集项目相关的文档，如项目计划、会议记录、客户反馈、销售数据等。

（3）会议开始。简短介绍，如感谢大家参加今天的复盘会议，我们的目标是回顾上周新产品发布的成效，并从中学习。

（4）回顾目标。重述项目目标，如我们的目标是在发布会当天吸引至少500名注册客户。

（5）评估结果。展示实际结果，如实际上，我们吸引了450名注册客户。

（6）分析差异。讨论未达目标的原因，如我们发现社交媒体宣传力度不够，导致注册客户数量略低于预期。

（7）原因探究。原因一般分为主观原因和客观原因。在分析原因时会有一种天然的自我保护意识。根据我们多年的复盘会议经验，一般要分两种情况：一是若结果好于目标，这个时候分析原因可以适当地以客户原因为主；二是若结果低于目标，特别是低很多时，在分析原因时，大家会有不由自主地以分析客户原因为主，主要是想保护自己，归错于外。这时候，作为复盘会议的主持人，需要有意识地控制引导。不然就可能把没有达成目标的绝大部分的原因推到客观原因上。

（8）经验总结。可以总结出三种具体的行为，如 SD 必须要停下来的行为；CD 需要继续保持的行为；AD 可以增加的创新行为。

（9）行动计划。制订改进措施和具体的行动计划，如下一次活动前，我们将与社交媒体影响者合作，提高品牌曝光度。

（10）总结与部署。明确下一步具体的行动计划，如请市场部在下次活动前两周，制订并提交社交媒体推广计划。

（11）会议结束。感谢参与者，并强调持续改进的重要性。需要整理会议达成的结果为复盘会议纪要，所有参会人员需要签收确认。

2）注意事项

（1）开放性。鼓励团队成员提出真实反馈，如我们鼓励每个人分享他们对产品发布的看法，无论是正面还是负面。

（2）客观性。使用具体数据支持观点，如根据调查数据，我们发现客户对产品价格的反馈最为关注。

（3）参与度。确保每个人都有发言机会，如现在让我们听听销售团队对市场策略的看法。

（4）时间管理。为每个议题分配时间，确保会议效率，如我们将用 15 分钟讨论市场推广效果。

（5）引导者作用。主持引导者应确保讨论不偏离主题，如让我们回到主题，讨论如何改进产品介绍环节。

（6）记录与文档。指定记录员，确保所有重要观点和决策都被记录下来。

（7）行动跟踪。明确责任分配，具体到个人，如市场部负责制订推广计划，而销售部负责跟踪客户反馈。

（8）持续改进。将复盘视为持续过程，如我们将在下次复盘会议上检查这些行动计划的进展。

（9）积极态度。即使面对失败，也要保持积极，如虽然注册客户未达目标，但我们的参与度和客户互动非常积极。

（10）保密性。对于敏感信息，如客户反馈，确保只在需要知情的团队内部分享。

通过这些细化的步骤和注意事项，复盘会议可以更加有效地帮助团队从经验中学习，促进持续改进和团队协作。

3）复盘画布

图 6-3 所示的工作复盘画布是我们结合复盘五步法，以及实操复盘会议多年的经验萃取出来的一个结构化工具。利用这个复盘画布，我们可以很顺利地进行复盘会议的组织，并形成可视化的结果。

<table>
<tr><td>目 标</td><td colspan="2"></td><td>结 果</td><td></td></tr>
<tr><td>主观
可控
原因</td><td colspan="4"></td></tr>
<tr><td rowspan="3">总结
规律</td><td>CD（保持）</td><td></td><td rowspan="3">激励措施</td><td></td></tr>
<tr><td>SD（停止）</td><td></td><td></td></tr>
<tr><td>AD（增加）</td><td></td><td></td></tr>
<tr><td>签名
确认</td><td colspan="4"></td></tr>
</table>

图 6-3　工作复盘画布

4）复盘会议的态度

复盘会议是一需要大家积极参与、群策群力的过程。无论是管理者，还是普通员工，在复盘会议中，大家的态度、情绪会直接影响到会议的效果。一次好的复盘会议，所有人都要努力营造一种平等、安全、轻松的氛围。这样的会议才可能产生效果。因此，所有参与者都需要注意培养五种态度：一是开放的心态，打开心门，听进不同的意见；二是坦诚表达的态度，积极表达不同的观点；三是实事求是的态度，基于事实进行讨论和交流；四是反思自我的态度，愿意向自己开刀，自我批评；五是集思广益的态度，积极参与并努力贡献智慧。

复盘会议的五种态度，如图 6-4 所示。

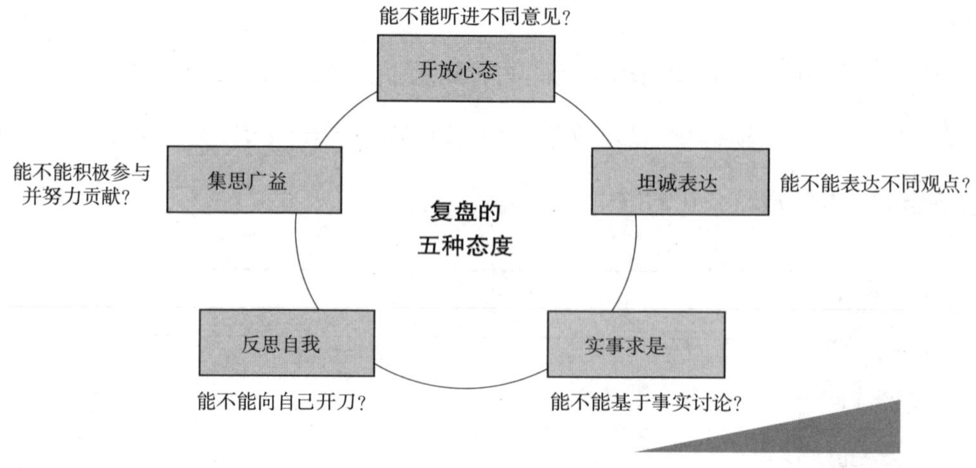

图 6-4　复盘会议的 5 种态度

2. 鱼缸会议

鱼缸会议是一个借事修人，改善团队氛围非常好的结构化会议方法。有点像批评与自我批评会议。在企业中，特别是销售型团队，运用鱼缸会议可以建立良好的团队氛围，并提升团队的凝聚力和战斗力。

鱼缸会议人数不宜太多，一般每次在 6 ～ 8 人为宜。

（1）会议流程：①确定接受反馈者（鱼），围成半圆；②由“鱼”对自己的能力、状态等现状作出评估和表达；③每人2分钟，各反馈1个优点、1个改进点（每个观点用事例说明）；④“鱼”诚心感谢，并将所有的反馈结构化地分类整理（选出3个当下急需的关键改进点）；⑤针对关键改进点，制订相关的改进行动及监督计划。

（2）注意事项：①目标聚焦集中，不盲目追求质疑与建议的数量；②每个与会者都要从他人的建议与质疑中激发自己；③与会人员一律平等，各种建议与质疑全部记录下来；④主张独立思考，不允许私下交谈，以免干扰别人思维，不能发表含人身攻击的语言内容；⑤不强调个人绩效，应以组织的整体利益为重，注意和理解别人的贡献，在会场中创造民主环境。

3. 团队共创会议

在现代企业经营中，团队共创会议运用得非常多，但也经常被人与头脑风暴相混淆。其实团队共创会议是一个有着严谨逻辑结构的激活团队群策群力的会议方法，它包含头脑风暴。团队共创会议一般可分为4～5个步骤。为什么是4或是5步呢？因为第5步可以根据情况决定是否需要，不影响团队共创的效果。

1）聚焦主题

明确本次团队共创会议需要回答的问题是什么？以及这个问题为什么重要？聚焦主题的过程包含以下内容：

（1）焦点问题。此次团队共创要回答的问题是什么？

（2）可视化成果。此次团队共创希望得到的可视化成果有哪些？

2）头脑风暴

头脑风暴的要领和原则如下：

（1）头脑风暴的三个要领。①我。我指的是参与团队共创的每一位伙伴在不相互交流的情况下独立深度思考。要求每个人至少提出 5 ～ 7 项（或更多）解决目标问题的方法。请注意，为什么要 5 ～ 7 项呢？因为一般来说，在思考解决问题的方法时，首先出现在脑海里的一般都是常规方法，真正有创意的想法可能会出现在 5 个常规想法之后。需要采用便笺纸的形式来记录想法，每张便笺纸只写一个想法，用大概 6 ～ 8 个字来描述。②我们。参与共创的团队里，两两组合，相互交流。首先 A 把自己的想法分享给 B，B 要仔细倾听；然后由 B 把自己的想法分享给 A，A 要仔细倾听。双方看能不能在对方的想法的基础上产生新的想法来。这是一个双方思想碰撞的过程，有可能看到别人创新的想法来激发自己的创造力。把新创造出来的想法另外用便笺纸记录下来，记录的原则同上文。③所有人。这是指两两交流以后，全团队所有人轮流分享自己的想法。这个步骤的目的是让大家打开认知边界，看是否可以在同团队其他人的基础上再次创新，产生更多有创造力的想法。

（2）头脑风暴的五项原则。①三不原则：不自谦、不批判、不阻拦；②量多原则：数量越多越好；③记录原则：所有的想法都需要记录下来；④借力原则：可在他人想法的基础上提出新的想法；④平等原则：参与人员一律平等。

3）归类分组

本步骤主要是归类梳理，将大家共创出来的所有想法逐一进行解读和梳理。比如：

（1）以直觉将卡片按同类关联。

（2）设置“停车场”。

（3）将所有卡片归类到相应的序列中。这个环节是用来梳理散乱的想法，以新视角发现不同想法之间联系的。共创负责人引导所有参与者将卡片进行归类。如果遇到单张成列的卡片，就需要将其合并到其他列，或者放到“停车场”去。

（4）为了能够帮助参与者更好地记忆和思考，最终列数一般在 3~7 类。

（5）列数太少属于过度合并，会影响下一步骤；列数太多又过于分散，不利于记忆。

4）提炼中心词

这一步骤的目的在于帮助参与者从一堆归好类的意见当中产生一个完整的新想法。在这个环节，共创团队的引导人需要带领参与者去发现每列卡片共同表达的是什么，隐藏在不同想法背后的真正含义是什么。由于所提取的中心词是在所有想法基础上产生的新想法，所以不能简单从该列想法里找出一个能够涵盖其他想法的卡片作为中心词。

提炼中心词的步骤如下：

（1）先讨论卡片最多的群组。

（2）给这个序列一个 3 ～ 5 个字的名字命名。

（3）重复以上的动作为剩下的每个序列命名。

提炼中心词的命名规则主要包括如下四个方面：

（1）中心词能够回答主题，并涵盖该列的所有想法。

（2）中心词在 4 ～ 6 个字左右。

（3）如果是回答诸如“如何”这样的问题，中心词需要有动词。

（4）中心词不能与该列卡片中某一张完全相同，而需要能涵盖其内容。

团队共创会议示例，见表 6-1。

表 6-1　团队共创会议示例

中心词	1. 加大宣传力度	2. 硬件完善与维护	3.“诱惑”客源	4. 开创旅行社	5. 客户开发及维护
每列的建议	1. 通过邮件、微博等媒介提供优惠信息	2. 发展一定量非正式渠道商，进行合作	3. 推出我们店的特色服务，可以发挥地理优势，做一些景点介绍的宣传册	4. 我们实行自驾游，打破横店的垄断	5. 发展本地客源和协议单位
每列的建议	1. 在景区投放宣传手册	2. 添加一些有特色的装饰品	3. 举办活动，给予奖励，赠送礼品	4. 一天游横店，一天游磐安，改变旅游线路	5.提升服务品质，微笑，做到客问即答，客未问即知客所问
	1. 加强团购的能力	2. 开发会议室	3. 客人自己带朋友过来，房价优惠		5. 发展周边企业和机关，成为协议单位，并做好回访
	1. 去景点进行宣传，让游客知道横店镇上有一家 N 连锁酒店	2. 作为新开门店，去除装修上残留的气味，不让客人有不适感	3. 添加一些有特色的装饰品		5. 发展固定客源（例如大厦办公区域的客源、写字楼）
每列的建议	1. 网络媒介、异地宣传，固定客源和协议单位维护稳固	2. 完善客房内宾客用品的种类	3. 推出特价房、限时房		
	1. 到各个景点发出自己门店的宣传资料	2. 开通数字电视			

5）图形化呈现

本步骤是创造一个图形来呈现表 6-1 中的关键行为描述，如图 6-5 所示

三、参加会议的技巧

在工作中，我们经常需要参加各种会议，虽然不是自己主持会议，但是也要特别注意。参加会议同样也可以体现自身能力和水平。

图 6-5　团队共创会议图形化示例

1. 事前准备

在会议前阅读相关材料和议程，思考可能提出的问题或建议。明确自己在会议中的角色和目标，做好应对预案。

2. 积极参与

在会议中要集中注意力、积极倾听，适时提出自己的观点和建议。参与会议不仅仅是身体在场，更重要的是思想和意见的交流。

3. 记录要点

记录会议中的关键信息和自己的想法，特别是与自己工作直接相关的行动项和责任分配。遇到不确定的点，需要在合适的时机进行询问和确认，确保理解没有偏差。

4. 遵守会议礼仪

保持专业，尊重发言人，避免会议中使用手机或电脑进行无关工作。

5. 跟进行动计划

会议结束后，跟进与自己相关的行动计划。如果有必要，与其他参会者或负责人进行沟通，确保任务的顺利进行。

6. 如果需要发言，您要提前有所准备

发言一定要有结构化的意识。如前文所总结的方法：总—分—总的模式。发言一定要逻辑清晰，要有主次之分，不然很容易被领导打断。

会议不仅是信息交流的场所，更是决策和团队建设的重要平台。通过掌握上述会议流程技巧，我们可以更有效地参与或主持会议，从而提升个人和团队的工作效率，构建自己的职业品牌力。

第五节　时间管理

时间是不可再生资源，不可能重来。时间对每个人都是公平的，每个人每天都只有 24 小时，为什么有些人能干那么多的事，取得那么大的成就，而有些人却碌碌无为，虚度光阴或者瞎忙。其中的区别就在于时间管理的方法不一样。

我们根据表 6-2 所列项目先来测测你的时间管理现状。

表 6-2　时间管理项目测试

序号	项　目	总是	经常	很少
1	我觉得我可以工作得更努力	0	1	2
2	我不知道上个星期我究竟有效工作了多少小时	0	1	2
3	我常常把事情留到最后要求结束的时间里才做	0	1	2
4	对我来说，开始一项工作很难	0	1	2
5	我下一步要做什么不是很确定	0	1	2
6	我要开始做某件事之前，要拖延很长时间	0	1	2
7	我不知道我做的是否足够多	0	1	2
8	我在不同的工作之间频繁地换来换去	0	1	2
9	我在某些地方的工作效率比在其他地方高	0	1	2
10	我在某些时间的工作效率比在其他地方高	0	1	2
11	我往往在某件事上花费很多时间后又置之不理	0	1	2
12	我没有能完成我想做的全部事情	0	1	2
13	我不肯定自己是否在优先处理最重要的事情	0	1	2
14	我的工作没有任何计划	0	1	2
15	工作时，时常会有电话或他人来打扰，碍于情面，我无法说不	0	1	2
16	我常常做一些别人可以做、我也可以交代给别人去做的事情	0	1	2
17	我工位上文件或资料常常摆放无序，因此每当我要处理某些文件时候总要寻找好长一段时间	0	1	2
18	有时感觉很无聊。空余时，甚至在我有工作在身时。我常常花时间去关注那些与我无关的事情	0	1	2
19	当事情多的时候，我总是想一下子把所有的事情解决掉，但有的时候纠缠于琐事，而不能集中精力去做最重要的事情	0	1	2

最后的得分情况结果对照，见表 6-3。

表 6-3　时间管理项目测试结果对照表

总　分	测试结果
0—24 分	你的时间管理存在较大的问题，进行有效时间管理可以使你开始崭新的生活
25—34 分	你努力控制自己的时间，但不能够持久，因而不能持续取得成就
35—38 分	你的时间管理得不错，希望你要坚持把时间管理继续下去

一、为何需要时间管理

时间是我们最宝贵的资源，但它是有限的，且一旦流逝便不可追回。在工作中，良好的时间管理可以帮助我们。

1. 提高生产力

通过合理规划，我们可以在有限的时间内完成更多的工作。

2. 减少压力

有效的时间分配可以避免紧急任务的堆积，从而减少因时间紧迫而产生的压力。

3. 提升工作质量

当我们不再急于赶工，便有更多的精力去关注工作的细节，提升成果的质量。

4. 实现工作生活平衡

合理的时间规划可以确保我们在工作中保持高效，同时有足够的时间享受个人生活。

5. 实现人生发展目标

科学的时间规划管理可以让我们投入更多精力完成人生目标作用更大的任务。

二、如何实施时间管理

时间管理，一定是围绕目标进行的。接下来，列出所有需要完成的任务，并根据优先级进行排序，然后对每项任务进行规划、执行与跟踪、反馈与调整。

1. 明确目标

我们需要明确自己的核心工作目标和个人发展目标。这些目标将指导我们如何分配时间。

2. 任务清单

这有助于我们识别哪些任务最为紧急和重要。

3. 时间规划

为每项任务分配合理的时间，并在日程中预留一些缓冲时间以应对突发事件。

4. 执行与跟踪

按照计划执行任务，并实时跟踪进度。这有助于我们及时调整计划，确保目标的实现。

5. 反馈与调整

定期回顾自己的时间管理情况，根据反馈进行必要的调整，以持续提升时间利用效率。

三、时间管理的核心技巧

时间管理的核心技巧：一是根据优先级进行排序；二是设定里程碑式的小目标和截止日期避免拖延；三是在处理任务时要集中注意力提高工作效率；四是合理休息保持工作的连续性和效率。

1. 优先级排序

学会区分任务的紧急性和重要性，优先处理那些既紧急又重要的任务。要学会分配时间主动处理重要不紧急的任务，这可以提前做布局，避免后续经常处于处理既紧急又重要事情的救火状态。

2. 避免拖延

通过设定里程碑式的小目标和截止日期的时间，激励自己按时完成任务。

3. 集中注意力

在处理任务时，减少干扰，学会拒绝，保持专注，以提高工作效率。

4. 合理休息

适当的休息可以帮助我们恢复精力，保持工作的连续性和效率。

四、常见问题及处理办法

时间管理最常见的问题：一是任务太多不知从何下手；二是经常分心难以集中注意力；三是计划总是被打乱。

1. 任务太重太难不知从何下手

处理办法：将大任务拆解为小步骤，一步一步地完成。同时，保持任务清单的更新，以便随时调整优先级。

2. 经常分心难以集中注意力

处理办法：尝试使用时间管理工具，如番茄工作法，通过设定工作和休息的周期来提高专注力。

3. 计划总是被打乱

处理办法：在制订计划时预留一定的弹性时间，以应对不可预见的事件。同时，学会拒绝那些不重要的请求，保护自己的时间。

五、多任务处理的时间管理

通过以下几个步骤、方法可以有效避免多任务处理，专注于当前正在进行的任务，从而提高工作效率和质量。

1. 制定优先级

使用任务管理工具或待办事项列表来明确任务的优先级，根据任务的紧急性和重要性来排序，先处理最重要或最紧急的任务。可以采用时间管理四象限这样的工具来区分任务的紧急性和重要性，优先处理紧急且重要的任务。

2. 专注单一任务

采用单任务处理方法，一次只专注于一个任务，避免同时处理多个任务。使用番茄工作法或其他时间管理技巧来帮助保持专注。将工作时间分割成一个个专注的时间段，每个时间段专注于一个任务，减少在任务之间切换的次数，提高专注度。

3. 设定时间块

为不同的任务或活动设定专门的时间段，如阅读时间、工作时间等，在设定的时间段内专注于特定活动，避免其他干扰。

4. 管理通知和干扰

关闭或限制社交媒体、电子邮件和其他可能干扰您的信息。设定专注时间段，期间不接受任何打扰，如使用手机的勿扰模式。移除干扰源，如手机、电视、计算机网络等，找一个寂静的地方进行工作、学习，并确保您的工作区域整洁有序。

5. 合理休息

确保充足的睡眠，训练长时间集中注意力的耐力，确立明确的目标，这些都有助于提高注意力和工作效率。

6. 创建每日计划

提前计划好您的一天，在早上或者更好的时候，在您睡觉的前一天晚上。这个计划可以让您对这一天的结果会有一个很好的概述，从而更好地管理时间。

六、时间管理的方法和策略

时间管理的方法和策略，如图 6-6 所示。

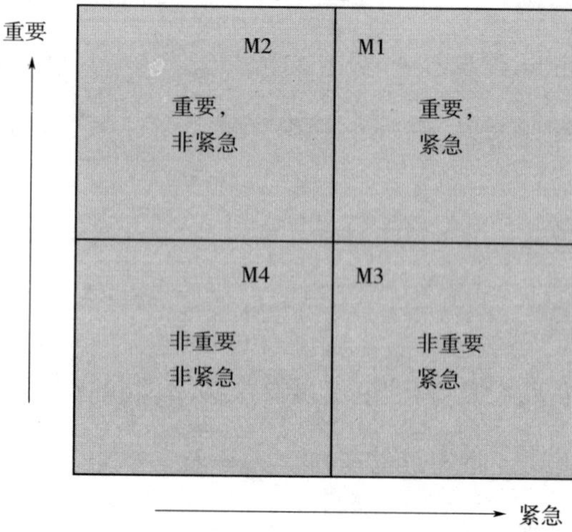

图 6-6　时间管理的方法和策略

如果把时间拉长到整个人生，我们可以审视一下自己当下处于什么状态？我们的时间大部分是用于处理哪个象限的工作？这就决定了我们当下的生存状态是什么样。

如果您当下 80% 的时间在处理既重要又紧急（M1）的事情，那您肯定长时间处于紧张、焦虑的“救火”状态中。您肯定没有时间思考、实践个人的成长发展的事情。所以，我们需要学会做好规划和控制，应该让自己有更多的时间去处理既重要又没那么紧急（M2）的事情。比如，读书充电、学习技能、考取专业证书等。这样您才可能摆脱“救火”状态。而且，您也会因为有更多的时间在读书充电、学习技能，在持续经历一段 M1 象限的状态后，您会变得更加优秀。

所以，高绩效人员和一般人群之间的时间管理投入精力的策略区别非常大，如图 6-7 所示。

一般人群

Ⅱ 15%

Ⅰ 25%~30%

Ⅳ 2%~3%

Ⅲ 50%~60%

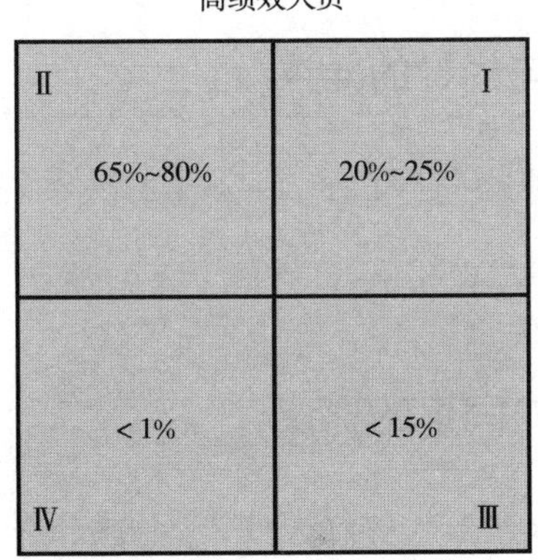

图 6-7　不同人群时间管理的策略

第六节　处理异议

职场里，无论是与领导、同事还是合作伙伴之间，异议是不可避免的。我们有效地处理异议不仅能避免潜在的冲突，还能增强团队合作，促进个人与组织的成长。本节主要探讨职场中处理异议的有效方法，提供具体的策略，并通过实际案例来说明这些策略的应用。旨在提升对异议的理解和认知，增强异议处理的水平。

一、理解异议的本质

在处理任何异议之前，首先需要理解异议的本质。异议通常源自不同的观点、期望、需求或价值观。在职场中，这些差异不是障碍，而是多样性和创新的源泉，正确理解异议的性质有助于我们从积极的角度来处理问题。

二、异议的常见类别

常见异议的类别主要体现在以下四个方面。

1. 与领导的异议

与领导有异议，这是再正常不过的了，但如何做到求同存异，这才是最重要的。

2. 与同事的异议

大家在一起协同工作，因为彼此的立场不同，出发点不一样，对事物的看法和认知会有区别，有看法上的异议，也会有行动上的异议。

3. 与合作伙伴的异议

因为处境不同，立场不同，需求也会不同，所以会在多个方面存在异议。

4. 与家人的异议

与家人生活在一起，天天茶米油盐、家长里短的，不可避免地会出现异议。

三、异议处理的基本原则

要有效地处理好异议，则需要遵循以下基本原则。

1. 接纳异议

发自内心真正地接纳异议，因为异议一定是存在的。有人的地方就一定会有异议，没有异议的职场和生活肯定是不正常的。没有异议可能意味着大家不敢提出异议，或压根就不想参与。有异议其实算是好事，因为异议意味着思考和行动。

2. 尊重对方

始终保持对异议方的尊重，无论对方的观点有多么与自己不同。

3. 积极倾听

真正倾听对方的观点，而不是在对方讲话时就急于反驳。同时，最好可以和对方确认异议的内容，确保双方的理解一致。

4. 寻求共同点

在异议中寻找双方观点的共同点，作为解决冲突的基础。

5. 明确沟通

用清晰、具体、建设性的语言表达自己的观点和感受。能够换位思考，站在对方的角度思考和沟通，效果会更好。

四、处理职场异议的实用策略

职场异议最怕先入为主，思维固化。以下分享几个处理职场异议的实用策略，有助于高效处理异议。

1. 先处理心情

异议往往带动情绪上的波动，如果不处理好情绪，异议可能会被放大，无法得到有效的处理。

2. 问题重述

在讨论开始时，尝试用自己的话重述对方的观点，确保自己正确理解了对方的意思。

3. 利用“我”语句

在表达不同意见时，使用“我”语句，如“我感觉”“我认为”，以减少对对方的直接攻击感，更多地表达个人感受和想法。

4. 提供具体例子

在表达异议时，给出具体的例子，这可以帮助对方更清楚地理解您的观点。

5. 探索解决方案

不仅仅停留在问题讨论上，更应积极探索可能的解决方案，共同寻找满足双方利益的方法。

6. 关注对方的满意度

异议是否真正得到了解决？是否和对方就异议达成了共识？对方对于这样的处理方法是否满意？主要是为了避免没有有效解决，留下后患。

五、处理与领导的异议

【案例】李华是某科技公司的产品经理，他在一次项目会议上与部门领导就产品发展方向产生了异议。

过程：李华在会议中明确表示对当前产品策略的担忧，并用数据和市场分析支持自己的观点。他使用了“我”语句，表达了自己的担忧，并明确表示愿意探讨多种可能的方案。在异议的处理过程中，他重申了对公司目标的承诺和对团队的尊重。最终，领导考虑到李华的分析，决定设立一个小组来进一步研究这些提议。

结果：通过积极的沟通和专业的态度，李华不仅避免了与领导的冲突，还被赋予了领导小组探索新策略的责任。

六、常见问题与应对策略

1. 如何处理情绪化的异议

应对策略: 保持冷静，如果情绪过于高涨，要敢于踩“刹车”，建议暂时中断讨论，等双方都平静下来后再继续。请注意，一定要先处理心情，再处理事情。人在情绪激动时，所作的决定一定不是最佳选择。

2. 如果对方拒绝合作怎么办

应对策略：试图找到问题的核心，理解对方的真实担忧。必要时，可以寻求第三方的帮助进行调解。

通过以上案例和策略，我们看到处理职场中的异议不仅需要技巧和策略，更需要一种建设性和专业的态度。正确处理异议不仅可以解决眼前的冲突，还可以在团队中建立起相互尊重和信任的文化，为个人和组织的发展带来长远的好处。

第七节 团队协作

“众人拾柴火焰高”。团队的力量远远大于个人。在团队中有效协作并且脱颖而出，需要个人具备一系列的技能和策略，这不仅涉及高效的沟通和团队互动，还包括个人的主动性、职业素养，以及对团队目标的贡献。本节重点讲述团队协作，可以帮助我们在团队中实现有效协作和脱颖而出这两个目标：

一、如何在团队中有效协作

明确团队的共同目标，并理解自己在团队中的角色。这不仅能帮助我们明确职责，也能确保我们的工作与团队目标保持一致。

1. 建立信任和尊重

信任是团队协作的基石。通过始终如一地完成我们的任务，并尊重他人的意见和建议来建立信任。这包括在承诺的时间内交付高质量的工作成果。

2. 有效沟通

保持开放和透明的沟通方式，及时分享信息和进展。使用清晰、简洁的沟通方式，并确保您的言辞是建设性和支持性的。

3. 主动求助和提供帮助

当遇到困难时主动寻求帮助，同时也乐于助人。这不仅能加强团队内的协作，还能增强同事间的关系。

4. 适应和灵活

在团队环境中，需要对不断变化的情况做出反应。保持灵活性，适应团队内的变化和需求，这对团队协作至关重要。

二、如何在团队中脱颖而出

根据过往的职业生涯经历，以及培训辅导数百家企业的观察，我们可以从以下几个方面入手，让自己在团队中脱颖而出。

1. 展示领导力

即使我们不是团队领导，也可以通过主动承担责任和帮助解决问题来展示领导能力。这可以是主动去领导一个项目，或是在团队面临困难时提出解决方案并勇于担责。

2. 持续学习和自我提升

不断学习新的技能和技术，保持对行业发展动态的了解。这不仅能增强我们的专业能力，也能使我们在团队中更加突出。

3. 高效执行提交结果

确保我们的工作结果高于标准，且准时完成。高效且可靠的工作表现有助于我们在团队中脱颖而出。

4. 创新和创造性思维

在解决问题时尝试采用新的方法。创新不仅限于创造全新的想法，也包括对现有流程和机制的改进。

5. 积极参与主动担当

在会议和讨论中积极发言，分享我们的见解和建议。这不仅可以展示我们的专业知识和承诺，也能增加我们在团队中的能见度。在某些有难度的事情上，要主动承担。

6. 补位意识

当团队为了某个目标共同协作时，有可能会在某个环节出现缺人负责的时候，作为团队中的一员，应该以团队结果为导向，敢于主动补位，对团队的整体目标负责。

通过实施以上策略，我们可以展示自己的专业能力和领导潜力，有效地在团队中脱颖而出。这需要时间和持续的努力，但最终会极大地提升我们的职业发展和个人满足感。

请注意，机会是给有准备的人。所谓有准备，就是指我们要主动作好准备，提升专业能力，敢想、敢干、敢担当。

第八节　高效沟通

沟通无处不在，不管是工作，还是生活。好的沟通能力无疑是个人基本功系列中的重中之重。可以说，沟通是实现个人职业发展与维护良好工作关系的关键。良好的沟通不仅能够提高工作效率，还能增强团队协作，促进信息的透明流通，并最终推动组织的整体成功。本节将探讨如何在职场中实现高效沟通，旨在分享明确的沟通策略和技巧，帮助大家在各种工作环境中更好地表达、交流和合作。

一、沟通的重要性

沟通是人际交往的基础，尤其在职场上，高效沟通能力是职业成功的核心要素之一。通过有效的沟通，个体能够清楚地表达自己的想法和需求，理解他人的立场和预期，构建良好的人际关系，从而促进共同目标的达成。在快节奏和高压的工作环境中，沟通不仅仅是信息交换，更是构建信任和理解的桥梁。

二、高效沟通的益处

高效沟通既可提高工作效率，又可增强团队协作，还可促进个人职业发展。

1. 提高工作效率

清晰且目的明确的沟通可以减少误解和错误，使团队成员能够更快推进项目进程。当每个体都明白自己的任务和期望结果时，整个团队的工作流将更加顺畅。

2. 增强团队协作

在多元化的工作环境中，有效的沟通帮助团队成员跨越文化和背景的差异建立共识。这种增强的团队精神不仅提高个体的工作积极性，也有助于解决工作中的冲突和挑战。

3. 促进个人职业发展

良好的沟通技巧使个体能够在职场中更好地展示自己的能力和潜力，无论是在日常的工作报告还是在关键的演讲和谈判中。此外，这也是领导力发展的关键部分，对职业晋升至关重要。

尽管沟通的重要性被广泛认可，但许多职场人士在实际沟通过程中仍面临诸多挑战。如何在不同的职场文化中找到合适的沟通方式？如何处理信息的过载？如何在面对面与虚拟沟通中都保持效果？都是当下我们需要解决的问题。

下面提供一系列实用的沟通技巧和策略，帮助大家在职业生涯中更好地定位自己，有效地与他人交流和合作。通过这些策略和技巧的应用，我们将能够在各种职场环境中显著提升自己的沟通效果，从而推动个人和团队向着共同的成功目标前进。

三、高效沟通的原则

实现高效沟通需要遵循一些基本原则，这些原则不仅帮助个体在信息传达和接收过程中减少噪声和误解，而且有助于建立更稳固的人际关系和更高效的工作环境。以下三个基础原则是实现高效沟通的关键。

1. 明确目标

每次沟通都应有明确的目标和预期结果，这有助于确保信息的有效传递和接收。

《哈佛商业评论》的研究表明，明确的沟通目标可以提高会议效率高达 70%。当参与者明白会议的具体目的时，他们更有可能做出有意义的贡献，减少会议中的无效对话。

【案例】在一家公司中，业务经理在每次团队会议前都会发送会议的议程和目标。这种做法帮助团队成员提前准备，确保会议焦点明确，提高了会议的实际产出和效率。

2. 尊重差异

在职场沟通中尊重文化、性格和个体差异至关重要，它决定了沟通方式的多样性和包容性研究。适应和尊重职场中的多样性不仅可以增加员工的满意度和忠诚度，还能促进更广泛的创意和创新。

【案例】团队中的同事，来自各个不同区域，有着不同的文化习俗。大家在合作过程中，因文化差异导致沟通困难。领导就需要考虑引入跨文化的团建活动，帮助团队成员能够主动理解不同文化中的沟通习惯和预期，从而可显著提高整个团队的合作效果和项目成功率。

3. 倾听为本

有效的沟通不仅仅是信息的输出，更重要的是倾听。主动倾听能够更全面地理解对方的需求和观点，是沟通成功的关键。心理学研究证明，积极倾听不仅能提高信息接收的准确性，还能增强对方的信任感和合作意愿。

【案例】我们团队在一次关键的合同谈判中，客户经理小徐积极倾听客户的诉求，深度地理解了客户的需求和担忧，及时和技术团队交流，并调整了项目提案以更好地满足客户的期望。因此与客户建立了长期的合作关系，在之后的几年中为公司和个人带来了显著的利益。

四、职场沟通的方法

在职场中有效地沟通是非常重要的，它不仅能够帮助我们建立良好的人际关系，提高工作效率，还能提升我们的职业发展前景。下面将探讨如何在职场中实现有效沟通，旨在分享沟通的典型方法、常见误区和常用词语。

1. 乔哈里视窗

乔哈里视窗是一种关于沟通的理论，也被称为自我意识的发现—反馈模型。乔哈里视窗理论将人际沟通比作窗子，根据自己知道和自己不知道，他人知道和他人不知道，这两个维度细分可分为四个区域：开放区（公开象限）、隐秘区（隐私象限）、盲目区（盲点象限）和未知区（潜能象限），如图 6-8 所示。人的有效沟通就是这四个区域的融合。

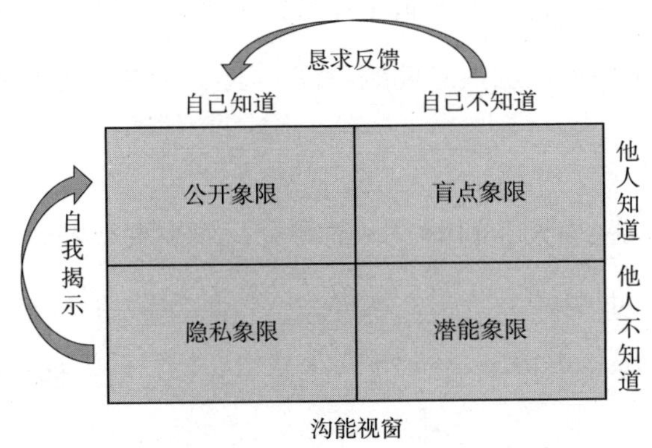

图 6-8　乔哈里沟通视窗

（1）开放区。开放区就自己知道别人也知道的区域，如自己的姓名、性别等基本信息和部分经历等。

（2）盲目区。盲目区是自己不知道别人知道的盲点，如无意冒犯了别人的坏习惯，别人对您的背后评价等。

（3）隐藏区。隐藏区是自己知道别人不知道的秘密，如童年经历、心中理想，以及对某些事物的好恶等。

（4）未知区。未知区是自己和别人都不知道的区域，如某些没有缘由就会爆发的敏感神经，以及自己未解锁的天赋和待激活的潜能。

我们每个人面对自己都有这四个区域。只是这四个区域的大小各有不同，区域的大小会展现不同的自我。

开放区较大的人，会给人一种善于交往的感觉，这样的人容易赢得信任。人们对他的脾气秉性有充分了解，他自己也非常清楚自身优势所在，所以在合作中彼此也会非常舒服。要想自己的开放区变大，就要多表达自己的好恶，多询问别人对自己的看法，同时更多地自我表达和询问本身，也更容易赢得别人的信任。

盲目区大的人会让人觉得他不拘小节，比较我行我素，特别自在，但也会伴有很多别人看得见但他自己看不见或者不在意的问题。盲目区大是因为他说得多，问得少，不主动挖掘或是重视别人对他的反馈。这会导致周围人对他的合作意愿会越来越低。

如果一个人隐藏区很大，问得多，说得少，很少主动表达自己，关于他到底是个什么样的人，别人很少知道。虽然这样会很好地保护自己的弱点，但也会引起人们对他的防范，以及对他的信任度降低，让人不敢轻易地与他合作。

未知区大就是很少主动去问别人怎么看自己，也不主动向别人表达真实的自己。这样的人即便身怀绝技，自己也不清楚。职场上这种人不少，一个好工作不知道自己能否胜任，别人也不知道您能不能胜任，您不敢争，他们也不敢给，好机会就这么流失了。

我们每个人要尽可能缩小自己的未知区，扩大开放区，积极消减盲目区，适当打开隐藏区。通过多表达自我，让别人更了解我们。多询问别人，让我们更了解自己。在日常相处或者工作合作中能让别人调整我们和他们之间更舒服的关系。我们也能找到更适合自己的定位人设身份和角色去成就更多的自我。在实际工作中，一个人快速取得信任，最好的沟通方法是缩小隐藏区，扩大开放区。特别是融入一个新的团队时，这个方法特别管用。

【案例】以前没有学习乔哈里视窗这个知识时，我并不知道这个方法的具体内容。后来才知道要“适当主动地揭开自己的隐藏区。”记得，我大学毕业找工作时，当时公司新招了一批新员工，所有新员工一起参加公司的培训，大家彼此都不熟，所以相互间相处时，会有很多拘谨，更谈不上信任。我记得特别清楚，我主动向大家介绍自己，甚至会讲自己遇到的一些尴尬的事情，这样很容易获得大家的认可，并逐渐对我产生信任。这其实就是一个主动缩小隐藏区，扩大开放区的过程。后来，我也顺利被他们共同推选成了这个新员工团队的领头人。

2. 管理沟通中向下管理的两大误区

在团队管理中常见的两个向下管理误区：一是不好意思说；二是忘了说。

1）不好意思说

所谓不好意思说，其实是指您可能碍于情面等原因，不太好意思开口去说某些对团队管理不力或触犯了规章制度的行为。比如，团队里的某个员工，他和您私交很好，但是他老是在开会的时候迟到，您碍于大家的私交关系不好意思说他，导致这种现象频频发生，对团队的影响很不好。又或是某位资深员工，他的资历比您老，甚至可能专业能力比您强，但是他也经常触犯团队的某些制度，您碍于情面或害怕得罪他，而不好意思和他说。像这样的现象在我们给很多企业的管理层做培训辅导的时候经常会看到。

下面分享我们在团队管理中对不好意思说的危害分析和处理方法。

（1）危害影响。团队没有凝聚力，执行力也不会好到哪里去。作为管理者，若在员工心中没有威信，在关键的时候可能大家也不会那么服从。

（2）处理方法。对于不良行为，如果放任这种情况存在，带来的后果必然是越来越多这种情况的发生，最终的结果，必定是团队涣散。但是要说，一定要注意方式方法，要有技巧的沟通，无论是私交很好的朋友，还是资历深的老员工，可以先礼后兵，先私下交流再以公开的方式进行沟通。

【案例】以前在我的团队里有一位资深员工，他经常迟到，开始我也是不好意思说他，怕得罪他。但是后来，我发现这种现象越来越普遍，团队里很多人都学他的样子。当时我真的很头痛。后来我想明白了，先私下沟通，先礼貌到位。调整好自己的态度，让他感受到足够的尊重，也讲清楚我的难处，需要他的支持。最重要的还要和对方就若再出现这种情况如何处理达成共识。

2）忘了说

这个忘了说，其实并不是真的忘了说。这是一种常见的自以为是的管理行为。比如，员工拜访客户，需要带上自己的名片和公司的相关资料，这是一件很平常的事情，大家都很清楚，所以您就没有再专门交代。但是却偏偏发生了有的员工出门拜访客户时忘了带名片。这种情况，在团队管理过程中，很多管理者就经常掉进了这个误区里而不自知，总是认为是员工的执行力不行，但其实团队执行力的另一面与管理者的工作部署能力也有着直接关系。

3. 管理沟通中的常用词语

管理者日常要讲的六个词语：

（1）我们。学会多讲“我们”这样的团队性词汇，而不只是讲“我”“您”“他”等这样的单个体词汇。这样在团队日常协作的过程中，大家会潜移默化地形成一种潜意识，我们是一起的。让员工也会逐步形成“我们”的那种集体感和责任心。

（2）谢谢您。“谢谢”与“谢谢您”，一字之差，听者的感受却会有微妙的不同。

您在表达感谢的时候，多一个“您”字，让听者的感受是专门针对他的，感觉会更好，更能接收到来自您的真诚和用心。

（3）让我们一起来。特别是当团队或员工在遇到难题或挑战大的事项时，他们需要的其实并不是您能带给他们多少真实的指导，更多的可能是需要您能领导他们。他们需要的是一种精神力量的鼓励和支持。这一句话，向团队或员工传递的是您在和他们一起面对，而不是只有他们在面对的信心、决心。

（4）您的想法是什么？作为管理者，一定要能够激活团队员和员工，让他们愿意、敢于主动思考。不能把员工当作一个冷冰冰的机器，员工并不是听话照做就是好的。特别是社会变化大，节奏快的情况下，员工一定要有想法、有创意才可能更好地完成组织的目标任务。所以，作为管理者，需要鼓励员工主动思考，这样，员工才会有存在感和成就感，对于提升员工的积极性也很有帮助。同时，员工才可能更快地成长。

（5）您干得好。这是一种激励方法，管理者要善于适时地对员工的良好表现进行表扬。激励的方法有很多，但是往往更有效、更持久的方法是来自于精神层面的认可。我经常说：“对一个员工最有效的激励是来自于他最在意的那个人的表扬”。换位思考一下，如果我自己是那个员工，我最在意谁的表扬？包括孩子，如果这个孩子最在意的是他爸爸对他的看法，那他爸爸的表扬就一定是对这个孩子最大的激励。适时表扬，看起来很简单的四个字，但在我们培养和辅导超万名企业管理者的过程中来看，其实有很多管理者并不擅长。主要表现为几个方面：首先是意识层面，很多管理者没有主动表扬员工的意识。其次就算是会表扬，也只是表面功夫，让听者的感受并不强烈。请记住。真正更有效果的表扬一定会要配上具体的、真实的事实来说明。

（6）我承认这是我的错。管理者一定要有敢于承认错误的格局。在团队里，如果因为某些原因导致目标没达成，任务完成状况不好；又或是出现了一些不好的行为举止，作为管理者，必有不可推卸的责任。在追究责任的时候，管理者首先应该要追究的是自己的管理责任。但很多管理者其实很难做到这一点的，不敢在团队面前主动承认自己的错误。不敢主动承认错误，这就像前面乔哈里视窗管理沟通四象限中，隐私象限变大，公开象限变小，那整个团队凝聚力的提升空间就还很大。

第九节　换位思考

在职场中，换位思考是一项极为重要的技能。懂得换位思考，它不仅能帮助我们更好地理解同事和领导的立场，还能有效提升团队合作效率和解决冲突。当一个人具备换位思考的意识和能力时，其更容易获得别人的信任和认可，在职场中的人际关系和沟通也将会更加高效。本节通过一个案例详细分析换位思考在职场的应用，包括它的重要性、实施步骤、关键要领，以及面对常见问题的处理办法。

【案例】某公司在某个跨部门项目中，市场部的李经理和产品部的王主管因为项目的推广方向不同而产生了冲突。李经理强调市场趋势的适应性，而王主管则坚持产品功能的创新性。双方各执一词，项目进展缓慢。这个时候，该如何才能够快速高效地解决问题呢？

一、换位思考的重要性

换位思考的重要性如下：

（1）增进理解。帮助李经理和王主管理解对方的工作压力和责任，减少误解。

（2）促进沟通。提供一个更开放的沟通平台，让双方都能够表达自己的想法和担忧。

（3）解决冲突。通过主动理解对方的需求和限制，寻找双方都能接受的解决方案。

二、实施步骤

实施步骤如下：

（1）明确目标和需求。双方首先需要明确自己的目标和对方的需求，这是开始换位思考的基础。

（2）开放式沟通。安排一次面对面的会议，每人表达自己的观点，同时真诚地听取对方的意见。

（3）共同寻找解决方案。基于对彼此立场的理解，共同讨论并找到一个双方都可接受的计划。

三、关键要领

关键要领如下：

（1）真诚。真诚地理解和尊重对方的观点，避免表面上的应付。

（2）耐心。换位思考可能需要时间，特别是在观点差异较大时，需要有足够的耐心。

（3）持续跟进。换位思考不是一次性的，而是一个持续的过程，需要在项目进展中不断实践。

四、常见问题及处理办法

常见问题及处理办法如下：

（1）抵触感。有时候我们可能不愿意接受对方的观点。

处理方法：这时可以通过增加团队建设活动，增进彼此的了解和信任。

（2）误解和偏见。每个人都有惯性思维和固有认知，看人看事带有自己的误解和偏见也实属正常。

处理方法：通过定期的回顾会议，可以帮助澄清误解，纠正偏见，确保项目顺利进行。

通过这个案例，我们可以看到，换位思考不仅有助于解决具体的职场冲突，还能促进团队成员之间的相互理解和尊重，是提升整个团队协作效率的关键技能。通过学习和实践换位思考，我们可以更有效地管理工作关系，推动职业发展。

第十节　情绪管理

有效管理情绪是职业成功的关键因素之一。为什么情绪管理如此重要？它对于维持职场关系、提高决策质量和增强工作效率至关重要。它帮助我们在压力大的环境中保持冷静，做出更理智的选择，避免冲动行为对职业生涯造成长期影响。

【案例】有一位学员小张，他是某公司IT（信息技术）部门的项目经理，他经常需要在紧张的工作期限和高压的工作环境中运作。最近他发现自己因为工作压力导致情绪起伏变大，经常会莫名其妙地发脾气，有时候很容易还会生产悲观消极的情绪，已经影响到了与团队的合作和项目的进展。小张意识到问题的严重性，开始有意识地进行情绪干预，改变现状。

一、职场中常见情绪的种类

职场中，常见的情绪可以分为以下两种：

（1）积极类情绪。积极类情绪有利于个人工作效率的提升、团队协作的效果。

（2）消极类情绪。消极类情绪又表现为对外攻击型和自我怀疑型等。非常不利于个人的工作推进，往往会成为个人成长、职业发展的绊脚石。

二、如何有效管理情绪

有效地管理情绪不仅有助于提升个人的职业发展，还能增强整个团队的和谐与效率。

1. 情绪管理策略

情绪管理策略如下：

（1）识别情绪触发点。小张开始通过日记记录自己的情绪变化，尤其是在工作中感到焦虑或沮丧的时刻。这帮助他识别出特定的情况或人物触发了他的负面情绪。

（2）开放沟通。小张与他的上司和团队成员进行了开放的沟通，表达了自己的感受和压力点。这不仅增加了团队的理解和支持，也帮助他们一起找到减轻压力的方法。

（3）技能提升。小张参加了情绪管理方面的学习，学习了如何在压力情况下保持冷静，以及如何有效地表达自己的需求和感受。

（4）实践放松技巧。小张开始实践冥想和深呼吸技巧，每天工作前后花时间进行这些放松练习，帮助自己在紧张的工作中保持冷静。

2. 常见问题及应对策略

常见的情绪管理问题及应对策略如下：

（1）情绪化反应导致职场冲突。

应对策略：建立一个反思机制，在情绪化反应之后，分析情绪的根源，学习从中得到的教训，调整未来的行为。要学会先处理心情，再处理事情。

（2）工作压力大，难以及时处理情绪。

应对策略： 制订紧急情绪管理计划，要学会在极端情绪上踩刹车。比如，设定情绪冷却期“情绪支持伙伴，在感觉压力过大时，有特定的应对策略（如喜爱的某项运动或娱乐）和支持。

（3）工作不顺利，任务进展不顺利，容易陷入悲观低迷的情绪中。

应对策略：适当地放松，走出门，与高能量的人交流，寻求指导与支持。先聚焦解决某些小事情，取得成就感来提升自己内心的能量。

通过小张的案例，我们看到了情绪管理在职场中的实际应用及其带来的积极变化。通过学习和实践有效的情绪管理技巧，每位职场人士都可以更好地应对工作中的挑战，享受更健康、更成功的职业生活。

本章小结

在本章中，我们深入探讨了个人成长和职业发展中不可或缺的十项基本功，这些技能是职场生存和发展的基石。以下是本章的核心内容概要：

1. 向上管理“四要一给”

（1）脸皮要厚。勇于表达自己的观点，不畏惧权威。

（2）心理要强。面对压力和挑战时保持积极乐观。

（3）嘴巴要软。与上级沟通时注意语言的选择和表达方式。

（4）手上要勤。展现出色的执行力和工作热情。

（5）超预期给结果。在完成任务时超越上级的期待。

2. 接收工作指令

（1）明确听取与记录。确保无遗漏地接收全部信息。

（2）理解深入。探究任务背后的目的和预期成果。

（3）提问有效。对不清楚的地方勇于提问。

（4）反馈确认。通过反馈确保理解正确。

（5）制订计划。根据指令制订详细的执行计划。

3. 问题分析与解决

（1）准确识别问题。界定问题的实质，区分症状与根源。

（2）进行原因分析：运用逻辑思维和工具探索问题的根本原因。

（3）制订解决方案。提出切实可行的解决方案。

（4）实施并跟踪。执行解决方案并监控过程和结果。

（5）反思与学习。问题解决后进行反思总结。

4. 个人职业问题的五种可能

（1）方向不明。缺乏明确的职业目标或生涯规划。

（2）目标不清。无法确定职业发展的方向或行动计划。

（3）方法不对。效率低下，目标难以实现。

（4）能力不足。任务完成质量不高，学习新技能困难。

（5）信息不准。基于错误的信息做出的决策。

5. 会议技巧

（1）主持会议。明确会议目的，准备议程，控制时间，鼓励参与，总结要点。

（2）结构化会议。复盘会议、鱼缸会议、团队共创会议

（3）参加会议。事前准备，积极参与，记录要点，遵守礼仪，跟进行动计划。

6. 时间管理

（1）明确目标。围绕目标进行时间分配。

（2）任务清单。列出任务并排序优先级。

（3）时间规划。为任务分配时间，预留缓冲。

（4）执行与跟踪。按计划执行并跟踪进度。

（5）反馈与调整。定期回顾并调整时间管理策略。

7. 处理异议

（1）理解异议本质。认识到异议源自不同观点、期望、需求或价值观。

（2）基本原则。尊重对方，积极倾听，寻求共同点，明确沟通。

（3）实际策略。问题重述，利用“我”语句，提供具体例子，探索解决方案。

8. 团队协作

（1）有效协作。了解团队目标，建立信任，有效沟通，主动求助和提供帮助。

（2）脱颖而出。展示领导力，持续学习，高效执行，创新思维，积极参与。

9. 高效沟通

（1）沟通的重要性。提升工作效率，增强团队协作，促进个人职业发展。

（2）高效沟通原则。明确目标，尊重差异，倾听为本。

10. 换位思考

（1）换位思考的重要性。增进理解，促进沟通，解决冲突。

（2）实施步骤。明确目标和需求，开放式沟通，共同寻找解决方案。

（3）关键要领。真诚、耐心、持续跟进。

11. 情绪管理

（1）常见情绪的种类。积极类情绪、消极类情绪。

（2）情绪管理策略。识别情绪触发点，开放沟通，技能提升，实践放松技巧。

第七章　现代技术工具与职场发展策略

随着 21 世纪信息时代的浪潮汹涌而来，我们见证了一场前所未有的技术革命。在这个由数据驱动的时代，人工智能（AI）技术正以惊人的速度发展，它的触角已经深入到社会的每一个角落，从自动驾驶汽车到智能家居，从虚拟客服到精准医疗，AI 正逐步改变着我们的工作和生活方式。

职场作为现代社会的重要组成部分，也正经历着由 AI 技术引领的变革。工作效率的提升不再仅仅依赖于个人的努力和经验，而是越来越多地借助于智能工具的力量。这些工具通过优化工作流程、提高决策质量、增强团队协作，正在重新定义我们的工作模式。职场如战场，每一天都是对策略和耐力的考验。在这个竞争激烈的环境中，每个人都渴望获得晋升的机会，以实现个人价值和职业发展。然而，晋升并非易事，它需要精心的策略和准备。

在本章中，我们将以 AI 技术为代表探讨现代技术工具与职场发展策略。然而无论是通过现代技术工具提升工作效率，还是通过战略规划实现职场晋升，都需要有明确的目标、持续地学习和不断地实践。领导力的培养和发展是个人职业成功的关键，而经营思维则为我们提供了一种全新的视角，帮助我们像经营企业一样管理自己的职业生涯。

第一节　AI 技术在个人职业发展中的角色

在这场由 AI 引领的职场变革中，我们每个人都是参与者，也都是塑造者。AI 技术的发展，为个人职业发展带来了前所未有的机遇。它能够释放我们的潜能，让我们以前所未有的速度和精度解决问题，创新思考。但同时，它要求我们重新思考自己的角色，更新自己的技能，以适应这个快速变化的世界。

这不仅是一场技术的革命，更是一次思想的觉醒。它要求我们重新定义工作的意义，重新审视个人与机器的关系，重新构建我们的职业生涯。在这个过程中，每个人都必须回答一个关键的问题：在 AI 的时代，我如何才能成为不可或缺的那一个。

本节将深入探讨 AI 技术在个人职业发展中的角色，揭示它如何帮助我们提升效率、增强决策力、激发创新。我们将通过一个真实的案例，展示 AI 技术在实际工作中的应用，以及它为个人职业发展带来的影响。同时，我们也将提供实用的步骤和要领，帮助您在 AI 时代中找到自己的定位，实现职业生涯的飞跃。

一、AI 技术的重要性

AI 技术不仅改变了我们的工作方式，更是在重新定义职场所需的知识和技能。对于职场人士而言，理解和利用 AI 已成为职业生涯发展的关键。

想象一下，未来的工作场所，不再是单调的办公桌和无尽的会议，而是一个由智能机器和人类协作共舞的生态系统。在这里，AI 技术不仅是人的助手，更是伙伴，它帮助我们预测需求，优化决策，甚至激发我们的创造力。这不是科幻小说的情节，而是正在我们脚下这片土地上悄然发生的现实。

AI 技术的重要性主要体现在以下几个方面：

（1）技能升级。AI 技术正在改变工作的本质，要求职场员工掌握新的技能集，如数据分析、机器学习和自动化工具的使用等。

（2）决策支持。AI技术的强大数据处理能力可以帮助职场员工做出更加精准的业务决策，提高工作效率和质量。

（3）创新驱动。AI技术能够揭示数据背后的模式和趋势，激发新的创意和解决方案，推动个人和组织的创新。

【案例】王磊是某电子商务公司的市场部经理，面对日益激烈的市场竞争，王磊意识到选择利用 AI 技术来提升市场分析的深度和广度。他开始学习如何使用 AI 工具来分析消费者行为，预测市场趋势，并据此制订营销策略。

二、掌握 AI 技术的步骤

1. 自我评估与目标设定

开始之前，首先要进行自我评估，了解自己在 AI 技术领域的当前水平和潜在需求。明确自己的职业目标，以及 AI 技能如何帮助自己实现这些目标。比如，您是一名销售经理，可能会对使用 AI 进行市场预测和客户行为分析感兴趣。

2. 知识储备

在了解了自己的需求和目标之后，下一步是建立必要的知识基础。这可能包括学习各种语言模型、文本处理、图像设计、数据分析等。可以通过在线课程、专业书籍或参加研讨会来获取这些知识。现在越来越多的AI工具应用出现在我们的身边，对我们的工作效率的提升改善有非常好的效果。各种文本处理模型、图像编辑应用、视频剪辑 AI 软件，只要我们愿意，基本都很容易上手，可以成为我们高效工作的好帮手。

3. 实践应用

理论学习之后，最重要的是将理论知识应用于实践。可以从小项目开始，如使用 AI 工具进行数据分析，或开发一个简单的自动化脚本。通过实践，我们可以更好地理解 AI 技术的实际应用，并逐步提升自己的技能。

4. 持续学习与迭代

AI 技术在不断进步，因此主动拥抱变化、持续学习至关重要。随着经验的积累，我们可以尝试更复杂的项目，不断迭代和改进我们应用 AI 解决问题的水平。

5. 建立专业网络

主动走出去，加入相关的专业社群和论坛，与同行交流心得，参加行业会议，这些都是提升自己 AI 技术技能和职业发展的重要途径。

请记住：一定要走出去，可以学习，交流，链接。这对开阔我们的视野、认知，以及拓展我们的社交资源都很有帮助。

【案例】李芳是一名人力资源专员，她希望利用 AI 技术来提高招聘效率。她首先通过在线课程学习了基础的数据分析和机器学习相关知识。随后，她尝试使用 AI 工具来筛选简历，通过分析简历中的关键词和经验，快速识别合适的候选人。在实践过程中，李芳不断调整算法，提高筛选的准确性。同时，她也加入了人力资源技术论坛，与其他专业人士交流 AI 技术在招聘中的应用经验。

笔者心得，因为 AI 技术领域的发展日新月异，如果在书中来描述相应的软件和平台的使用，可能很容易落入过时的尴尬处境中。但在这如火如荼的发展大势中，拥抱 AI 技术已成势不可挡，请务必主动学习并运用 AI 技术来为自己赋能。而效率最高，效果最好的学习方式则是请教已经掌握了相应技术的高人学习，才会少走弯路，少交学费，不被割韭菜。像我们团队运用 ChatGPT 4 就是向一位高人专门请教并掌握了使用方法和技巧，极大地提升了我们的工作效率，而且后续也一直围绕着使用的心得和高人探讨交流，越来越熟练。

第二节　职场晋升的策略与准备

职场晋升是一场精心策划的旅程，它需要明确的目标、不懈的努力和智慧的策略。无论您是刚刚步入职场的新人，还是已经有一定工作经验的资深员工，都将为您提供宝贵的启示和帮助。让我们一起启程，探索职场晋升的奥秘，找到实现自己职业梦想的钥匙。记住，晋升不是终点，而是个人职业发展的新起点。在这个充满机遇和挑战的职场世界里，只有那些做好准备、敢于追求的人，才能抓住机会，实现自己的价值和梦想。

一、策略与准备

下面我们将探讨如何明确晋升目标，评估自身差距，制订发展计划，持续学习与成长，展现领导潜力，建立人际网络，以及主动沟通晋升意愿等。

1. 明确晋升目标

一定要有清晰的职业目标，要确定自己想达到的职位，深入了解该职位的各项要求和价值期望。

2. 评估自身差距

诚实、客观地评估自己当前的技能和经验与目标职位之间的差距。可以运用本书前面所提到的 ASK 模型，从态度、知识、能力等方面列出差距清单，梳理轻重缓急。

3. 制订发展计划

根据评估结果，运用 5W2H1R 的结构制订详细的行动计划，包括需要学习的新技能和提升的领域。并做好行动过程的管理。

4. 持续学习与成长

通过在线课程、研讨会、书籍和实践项目，不断学习和提升自己。定期进行自我评估和外部反馈，适时调整和优化发展计划，改善学习成长方式。

5. 展现领导潜力

展现领导力是职场晋升的关键因素之一。下面给大家分享如何在日常工作中展现领导力的非常实用的方法和建议：

（1）主动承担责任。不等待别人指派任务，而是积极寻找机会，主动承担新的项目或挑战性工作。当团队面临困难时，勇敢站出来，承担起解决问题的责任。

（2）带领团队解决问题。鼓励团队成员提出问题，并共同寻找解决方案。在解决问题的过程中，发挥协调作用，确保团队成员能够有效合作。

（3）增强团队沟通。定期组织或积极参与团队会议，鼓励开放和诚实地沟通。倾听团队成员的意见和建议，尊重不同的观点。

（4）展现决策能力。在某一时刻做出果断决策，并对结果负责。同时，也要愿意听取团队的意见，进行合理的权衡。

（5）以身作则。遵守公司的规章制度，以高标准要求自己，成为团队的榜样。在工作中展现出专业精神和积极态度。

6. 建立人际网络

一定要善于与同事、上级和行业内的其他专业人士建立良好的人际关系。人在职场很多年，不管未来我们是晋升还是创业，保不齐有哪个原来的同事、领导等可能就能够给我们带来意想不到的帮助和支持。

下面给大家提炼总结了一些建立和维护良好人际关系的关键策略：

（1）展现专业素养。在工作中展现出高度的专业性和责任感，这将帮助我们赢得同事和上级还有合作伙伴的尊重。打铁必须自身硬，用实力赢得关注。

（2）积极沟通。主动与同事交流，分享信息和想法，这有助于建立开放和合作的工作氛围。运用乔哈里视窗知识，主动扩大公开象限，促进相互之间的了解和交流，更加容易获得团队更多的认可和信任。

（3）倾听他人。认真倾听同事和上级或合作伙伴的意见，这不仅表现出尊重，也能帮助我们更好地理解他们的需求和期望。

（4）建立信任。信任的重要性尤为重要。运用前文的信任—机会—结果的三角模型，通过一贯的诚信行为和履行承诺来建立信任。

（5）提供帮助。愿意帮助他人，无论是工作上的支持还是个人问题的倾听，都能增强我们与他人之间的联系。

（6）尊重多样性。尊重同事的不同背景和观点，多样性可以带来更广泛的视角和创新思维。首先，因为大家的出身、教育、经历等都不一样，多样性是一定存在的。其次，多样性可以确保团队看问题、共创解决问题方案的更多创意的可能性。在职场中，往往正是因为这种多样性，带来的是互补性。这样的团队反而更有张力和创造力。

（7）适当的社交活动。参与工作之外的社交活动，如团队午餐或组织团建活动，这有助于建立非正式的联系。特别是小团队，比较好的活动适合大家在中午休息时一起玩，对于建立良好的人际关系很有帮助。

（8）积极正面的态度。心理能量是一个人情绪状态的原动力，如果能够有强大的心理能量，绝对可以影响更多的人。因为心理能量强大的人磁场也非常强大。这种大的磁场天生就给人一种靠谱的感觉。人都愿意与有磁场的人打交道。

（9）个人职业品牌。品牌是一个长期持续积累的过程，品牌是我们在人们心目中的心智定位。比如，提起您人们马上想到的是什么，您就是和什么画等号的。这个就是我们要建立和维护的价值观和专业领域，要能够为人们带来价值。

7. 主动沟通晋升意愿

我们的晋升意愿和计划要与上级和人力资源部门沟通，这一点是否很重要。其实很多人并不擅长这件事情，主要还是惯性思维的影响，让自己不太敢于主动迈出这一步，总感觉自己主动去沟通，如果没有得到积极正面的回应，自己会很无地自容。请换位思考一下，如果您是领导，您的员工主动来向您表达，他积极进步、追求晋升的意愿，您是什么感觉？我想只要您是一个正常的领导，您应该是由衷地感到高兴才是。而且还有：您肯定会思考，要如何支持他，让他可以更快地成长并实现进步晋升的愿望。同时，您内心甚至可能会有些压力，怕如果没有实现他的愿望而导致影响到他的工作积极性。在一个团队里，最担心的其实就是没有追求，没有上进心的员工，这样的团队没有活力，没有竞争，没有危机意识，那当然就没有战斗力了。

所以，积极勇敢地向上级和人力资源部门沟通您的晋升意愿和计划，不但不会给您带来负面影响，反而会让我们获得更多的资源和支持。

二、常见问题及处理方法

虽然我们有晋升的目标，有学习成长的计划，有动态的过程管理，但可能并不如我们所想的一帆风顺。相反，可能我们不得不面临现实存在的诸多问题。

1. 时间管理

人在江湖，身不由己。我们往往身陷繁多且具体的工作事务中，难以在繁忙的工作中找到时间进行学习和提升。

处理办法：克服非核心事务的影响，需要刻意地训练和较强的处事原则。这需要有非常强大的自律性，严格执行时间管理的计划，充分利用午休或下班后的时间进行学习。一定要投入较多的精力主动多做重要不紧急的事情。

2. 资源获取

人的认知往往会决定我们所能获得的资源和知识。如果不打破惯性认知和固化思维，我们就难以获取高质量的学习资源和晋升机会。

处理办法：打破认知障碍最好的办法就是读书、阅人、走出去、拜名师。我们一定要主动出击，寻找机会。比如，利用互联网在线平台和专业社群，寻找学习资源和职业发展的机会。

3. 晋升障碍

遇到晋升的障碍，如公司内部的竞争。这在职场中其实非常常见，而且在很多人眼中把这种情况变成了一个死结，认为这是没有办法解开的。

处理办法：一是保持专业态度，通过建立良好的人际关系和展现出色的工作绩效来克服障碍；二是学会坚持，“剩”者为王；三是跳槽，当然，跳槽的核心是要有足够优秀的人力资本。

第三节　培养与发展领导力

毋庸置疑，领导力已成为个人职业发展的关键因素。无论是在企业中攀登职业阶梯，还是在创业中引领创新，领导力都是推动个人向前的核心动力。然而，领导力的内涵远不止于指挥和控制，它是一种影响力，一种激励他人共同实现目标的能力，是一种能够激发团队潜力、引领变革和推动组织发展的力量。

一、领导力的重要性

我们将从企业和个人两个方面来探讨领导力的重要性。

1. 对企业而言

（1）引领变革。在快速变化的市场中，能够引领变革的领导者是企业最宝贵的资产。他们能够洞察市场趋势，制定战略方向，引导团队适应变化，把握机遇。

（2）团队建设。优秀的领导者懂得如何建立和维护一个高效、协作的团队。他们通过明确的目标、有效的沟通和公正的激励机制，激发团队成员的潜力，提升团队整体表现，能够带领团队打胜仗，拿结果。

（3）决策制定。领导力还体现在关键的决策制定上。在面对复杂问题时，领导者需要展现果断和智慧，做出最有利于组织发展和团队利益的决策。

（4）文化塑造。领导者在塑造企业文化方面扮演着关键角色。他们通过自己的行为和价值观，影响和塑造团队的工作态度、行为准则和组织氛围，形成影响企业或组织持续健康发展、人才辈出的土壤。

2. 对个人而言

（1）凝聚人气。领导力对个人的发展，有着举足轻重的作用，好的领导力很容易获得更多人愿意追随。人气就是财气，有了团队，就有了做成事的基础。

（2）获得机会。这是一个良性循环，领导力影响更多的人追随，相应的也会带来更多商业机会或资本的青睐，意味着机会也会越多。

（3）促进成功。火车跑得快，全靠车头带。领导力促进团队的凝聚力和战斗力的快速形成。

二、领导力的必要性

我们以马云为例，他的领导力在阿里巴巴的创立和发展中起到了决定性作用。马云通过自己的愿景和领导风格，吸引了一批优秀的团队成员，共同克服了创业初期的种种困难。他的领导力不仅体现在对市场趋势的敏锐洞察和战略规划上，更体现在对团队的激励和文化塑造上。正是有了马云的这种领导力，阿里巴巴才能够从一个小型创业公司成长为全球知名的电商巨头。

1. 职场发展

对于职场个人而言，领导力是实现职业发展的重要技能。它不仅能够帮助个人在组织内部获得晋升的机会，也能够提升个人的影响力和职业竞争力。

2. 创业成功

对于创业者来说，领导力是企业成功的关键。创业者需要通过领导力来吸引和保留人才，建立合作关系，赢得客户信任，以及引导企业在激烈的市场竞争中生存和发展。

3. 社会责任

随着社会对企业社会责任的重视，领导者的角色不再仅限于追求利润最大化，还包括推动社会进步、环境保护和可持续发展。领导力在这一过程中发挥着至关重要的作用。

三、领导力的多维度

领导力不是单一的技能，而是一个多维度的能力集合。它包括但不限于愿景规划、沟通能力、情绪智力、适应性和创新思维。

1. 愿景规划

为组织、团队设定清晰的发展方向和愿景目标。要有描绘美好画面的能力。

2. 沟通能力

有效地传达信息，确保团队成员对目标和任务有共同的理解和高度共识，要入脑、入心。

3. 情绪智力

能够理解和管理自己和他人的情绪，建立良好的人际关系。

4. 适应性

能够理解变化，并能够拥抱变化，并主动在不断变化的环境中灵活调整策略和方法。

5. 创新思维

鼓励创新，不断寻求改进和突破的机会。

领导力是个人职业发展和创业成功的关键。在职场中，无论处于哪个层级，领导力都能帮助个人提升影响力、实现职业目标。在创业过程中，领导力是吸引人才、建立团队、赢得市场和推动企业成长的核心能力。因此，培养和发展领导力，对于每个人来说都是一项重要的任务。

四、培养领导力的步骤

培养领导力包括以下步骤：

（1）自我认知。领导力的培养始于了解自己。通过自我反思，识别自己的优势、弱点、价值观和领导风格。

（2）设定目标。明确您想要成为什么样的领导者（寻找标杆）。设定具体、可衡量、可达成、相关性强和时限性的领导力发展目标。

（3）学习领导理论。研究不同的领导理论，如变革型领导、情境领导、服务型领导等，了解各种理论的优缺点和适用场景。

（4）角色模仿。找一个或多个受人尊敬的领导者作为榜样，学习他们的行为、决策方式和领导风格。

（5）沟通技巧提升。领导力的核心是沟通。学习如何有效地沟通，包括倾听、表达、说服和谈判。

（6）情绪智力培养。提高情绪智力，学会理解和管理自己和他人的情绪，这对于建立团队信任和凝聚力至关重要。

（7）团队管理实践。在日常工作中寻找机会实践团队管理，如领导小型项目或团队。

（8）接受反馈。从同事、上级和团队成员那里获取反馈，了解自己的领导行为对他人的影响。

（9）持续学习。领导力是一个持续发展的旅程。参加工作坊、研讨会和培训课程，不断学习新的领导技能。

（10）挑战自我。寻找机会走出舒适区，接受新的挑战，如领导更大的团队或更复杂的项目。

（11）建立个人品牌。建立和维护个人品牌，让人们清楚并依赖您的价值观、专业领域和领导理念。

（12）网络建设。建立资源网络，与行业内的其他领导者交流经验和见解。

（13）指导他人。通过指导和辅导他人，不仅可以帮助他人成长，也能提升自己的领导技能。

（14）反思与调整。定期反思自己的领导实践，评估效果，根据反馈和经验进行调整。

五、常见问题及处理方法

虽然我们有愿景规划、沟通能力、情绪智力、适应性和创新思维等能力，但我们不得不面临诸多现实存在的问题。

1. 时间管理

难以在繁忙的工作中找到时间进行领导力发展。

处理办法：将领导力发展作为职业发展的一部分，优先安排时间。

2. 抵抗变革

团队成员可能抵抗新的领导风格或方法。

处理办法：耐心沟通，解释变革的必要性和好处。

3. 自我怀疑

在领导力发展过程中可能会遇到自我怀疑。

处理办法：一是可以寻找外部的正向反馈来提升自己的信心。二是通过自我反思和正面自我对话增强自信。

第四节　个人成长终极大招：经营思维

时代车轮滚滚向前，技术发展日新月异，无论是世界的变化，还是企业的发展，都不可同日而语。对于每一个体而言，个人的成长已不再是一条线性的路径，而是一场多维度的探险。在这场漫长的人生探险中，每个人都是自己职业生涯的 CEO，而经营思维，便是引领我们走向成功的罗盘。它不仅仅是一种管理策略，更是一种生活哲学，一种深刻影响我们如何理解自我、如何规划未来、如何在职场中航行的智慧。

随着全球化的深入和 AI 科技的飞速发展，职场竞争愈发激烈，职业发展的需求也在不断变化。传统的工作模式和成长路径正逐渐被创新和变革所取代。在这种背景下，经营思维的重要性日益凸显。它要求我们像经营一家企业一样管理自己的职业生涯、以战略的眼光审视个人发展、以投资的心态规划每一次学习和成长的机会。

在本节中，我们将深入探讨经营思维的重要性和构成要素，分析它在个人职业发展中的作用，以及如何培养和运用这种思维方式。我们将通过真实的案例，展示经营思维如何在实际工作中发挥作用，以及它为个人成长带来的积极影响。同时，我们也将提供一系列实用的策略和工具，帮助读者在自己的职业生涯中，运用经营思维，实现自我超越。

一、经营思维的重要性

经营思维的意义在于它能够帮助我们在复杂多变的职场环境中，做出更明智的选择，更精准的决策。它要求我们：具备全局观，能够从宏观的角度审视自己的职业生涯；具备前瞻性，能够预见未来的趋势和变化；具备创新力，能够在变化中寻找机会，在挑战中寻找解决方案。

1. 战略规划

在职业发展的征途上，战略规划是确保个人目标与市场趋势相匹配的关键。经营思维使我们能够超越日常的工作任务，从更高的视角审视自己的职业生涯。它要求我们设定清晰的职业目标，制订长远的职业发展规划，并根据个人兴趣、技能和市场变化进行调整。这种前瞻性思维帮助我们在职场中把握先机，实现自我超越。

【案例】李娜是一名资深的营销经理，她把自己看作是一家公司，运用经营思维，不仅成功地规划了自己的职业路径，还预见到了数字化营销的兴起。李娜主动学习了数据分析和数字营销的相关知识，并在公司内部推动了营销策略的转型。她的这种战略规划能力，不仅为自己的职业生涯开辟了新的方向，也为公司带来了显著的市场优势。

2. 资源优化

经营思维还涉及资源优化，即将有限的时间、精力和社交资源进行高效管理。这要求我们像管理企业一样管理自己的职业生涯，识别并投资于那些能够带来最大回报的领域。通过优化资源配置，我们能够在职业发展中实现更高的效率和更强的竞争力。

3. 风险管理

在不断变化的职场环境中，风险管理是经营思维中不可或缺的一部分。它要求我们识别潜在的职业风险，如行业变动、技能过时等，并制定相应的应对策略。通过风险管理，我们能够在面对不确定性时保持冷静，做出明智的决策，确保职业生涯的稳健发展。

4. 持续创新

持续创新也是经营思维中不可或缺的一部分。这意味着我们要不断学习新知识、掌握新技能，并在工作和生活中寻找创新的方法和解决方案。在快速变化的职场中，创新能力是保持竞争力的关键，它能够帮助我们适应变化，甚至引领变革。

二、经营思维的构成要素

经营思维的构成要素包括以下内容。

1. 目标设定

目标设定是经营思维的基石。在职业发展中，明确的目标为我们提供了方向和动力。长期目标指引我们的大方向，而短期目标则是实现长期目标的具体步骤。通过设定SMART（具体、可衡量、可达成、相关性、时限性）目标，我们可以确保每一步都是清晰和可行的。

【案例】王刚是一名财务咨询顾问，他成功地规划了自己的职业道路，将个人成为行业领先顾问设定为长期目标，并将每年学习一项新技术设定为短期目标。他的这种目标导向思维帮助他在技术领域保持了竞争力，并最终成立了自己的咨询公司。

2. 市场定位

了解自己在职场市场中的定位是经营思维的另一个关键要素。这包括识别自己的核心竞争优势、专业技能以及市场的需求。通过市场定位，我们可以更有效地利用自己的优势，满足市场的需求，并在职场中脱颖而出。

3. 品牌建设

在当今的职场中，个人品牌的重要性不亚于企业品牌。通过建立和维护个人品牌，我们可以提升自己的可见度和影响力。这包括在社交媒体上分享专业见解、发表专业文章、参与公开演讲等。个人品牌的建立有助于我们在职业网络中建立信任和认可。

4. 财务规划

财务规划是经营思维的重要组成部分。它不仅涉及储蓄和投资，还包括如何为职业发展提供经济支持。通过有效的财务规划，我们可以为自己的教育、技能提升和职业转换提供资金保障，从而为职业发展创造更多机会。同时，还要预防财务风险的发生，做好个人财务风险防范也是经营个人的过程中需要特别注意的。

三、经营思维的最佳实践

经营思维的最佳实践包括以下内容。

1. 以终为始

以终为始意味着我们的每一步行动都是为了实现最终的职业目标。这要求我们首先明确自己的职业愿景，然后反向规划，制定出实现这一愿景所需的具体步骤。通过这种方式，我们可以确保自己的日常决策和行动都与长期目标保持一致，避免偏离职业发展的正确轨道。

【案例】刘倩是一名HR（人力资源）经理，她希望成为资深人力资源专家。她首先设定了成为行业内公认的人力资源专家的长期目标，之后规划了包括获得相关资格证书、参与行业会议、发表专业文章等一系列行动计划。通过这种以终为始的方法，刘倩在五年内成功地将自己打造成为人力资源领域的权威人士。

2. 主动出击

在职场中，机会往往青睐那些主动出击的人。经营思维鼓励我们不要被动等待机会的到来，而是要积极寻找并创造机会。这可能意味着主动承担新的项目、拓展职业网络、学习新技能或者寻找行业内的导师。主动寻找有利于目标实现的资源，并整合相应的资源为自己所有，正所谓："天下万物不为我所有，但皆为我所用。"改变思路，解放思想，运用创造性思维，主动寻找可以解决问题 / 达成目标的一切方法。

3. 灵活应变

职场环境的快速变化要求我们必须具备灵活应变的能力。经营思维要求我们保持对行业动态的敏感性，并能够快速调整自己的策略和行动以适应变化。这包括及时更新自己的知识库、调整职业规划以及改变工作方式。

4. 价值创造

在任何职业发展阶段，创造价值都是我们的核心任务。经营思维要求我们始终思考如何为自己、同事、客户和公司创造价值。这可能意味着提高工作效率、创新服务模式、优化流程或者提供独特的见解和解决方案。

四、常见问题及处理方法

虽然我们有目标设定、市场定位、品牌建设和财务规划等经营思维，但我们不得不面临诸多现实存在的问题。

1. 目标模糊

不清楚自己的职业目标和发展方向是许多职场人士面临的常见问题。这种模糊不清会导致职业发展缺乏方向感和动力。

处理办法：一是自我深度反思，花时间思考自己的兴趣、价值观、技能和职业愿景；二是寻求职业规划专家的帮助，通过专业的职业评估工具来明确职业方向；

三是使用 SMART 原则设定清晰的长期和短期职业目标。

2. 资源有限

在忙碌的工作中，时间和精力的管理尤为重要。感到资源有限可能会阻碍个人的职业发展和学习新技能。

处理办法：一是时间管理，采用时间管理工具和技术，如优先级矩阵和时间阻塞法，合理规划日程；精力管理，通过规律的休息、运动和健康饮食来保持精力充沛；三是任务优化，识别并剔除那些不重要的任务，专注于那些对职业发展最为关键的活动；四是拓展资源，主动走出去，展示自己的能力，拓展对事业发展有帮助的资源。

3. 品牌建设困难

在个人品牌建设方面，许多人可能会感到迷茫，不知道如何有效地展示自己的专业形象和价值。

处理办法：一是利用社交媒体在各种社交媒体平台上定期分享行业见解和个人成就；二是通过撰写博客、发表文章或制作视频来展示专业知识；三是参与行业会议、学习圈和研讨会，积极与同行交流，扩大职业网络。

4. 风险管理不足

缺乏对职业发展中潜在风险的识别和应对能力，可能会导致在面对行业变化或职位变动时措手不及。

处理办法：一是关注行业趋势，定期关注行业新闻和趋势，预见潜在的职业风险；二是对可能影响职业发展的内外部因素进行风险评估；三是为识别的风险制定应对策略，如技能升级或职业转型计划。

5. 创新能力不足

在快速变化的工作环境中，缺乏创新能力可能会导致个人在职场竞争中、行业发展中落后。

处理办法：一是不断学习新知识，保持好奇心和开放态度；刻意通过头脑风暴、思维导图等方法培养创新思维，强化自己主动深度思考的意识；二是在工作中不断实验和优化，尝试新方法和解决方案。

第五节　行动是一切成功的开始

阅至本书的最终章节，我们已经掌握了平凡人突破自己成为在职场和生活中都能够自我驱动、不断成长、实现价值的个体方法和技能，并共同探讨了如何通过深刻的自我认知、战略性规划、成长的基本功，以及持续的学习和实践，来塑造自己的职业生涯和个人发展。

本书核心内容如下：

（1）自我认知。了解自己的优势、弱点和激情所在，是成功的起点。

（2）目标设定。明确的目标是引导我们前进的灯塔，它让我们的努力有方向、有焦点。

（3）持续学习。在不断变化的世界中，学习不仅是个人成长的阶梯，也是保持竞争力的必要条件。

（4）适应性与创新。适应性让我们稳定当前，而创新则是突破现状、引领未来的关键。

（5）行动与实践。知识本身不是力量，将知识转化为行动才是力量的源泉。

（6）技术与工具。多与外部连接，学习并运用现代技术工具，它们是提高效率、实现目标的得力助手。

（7）领导力发展。领导力不仅关乎管理他人，更关乎引领自己，它是实现个人愿景的驱动力。

（8）经营思维。将整个职业生涯视作一项事业来经营，将个人当作一家公司经来经营，以投资者的心态对待个人成长、时间投资和资源的分配。

（9）行动号召。现在是时候将这些知识付诸行动了。

采取行动的步骤如下：

（1）自我反思。花时间思考自己从本书中学到的内容，哪些对自己最有启发？列出自己的知识清单。

（2）设定目标。根据自己的职业愿景，设定具体、可衡量的短期和长期目标，确定里程碑式的目标，一个个去攻克。

（3）制订计划。为达成这些目标，规划出清晰的行动步骤和时间表。

（4）每日实践。将所学知识融入日常工作和生活中，哪怕是最小的改变也是进步。

（5）持续学习。保持好奇心，不断寻找学习的机会，让自己跟上时代的步伐。

（6）构建网络。与志同道合的人建立联系，他们不仅能提供支持，还能成为自己成长路上的伙伴。

（7）反馈与调整。定期评估自己的进步，并根据反馈进行必要的调整。

总之，成长是一个持续的过程，我们的每一步努力都值得肯定。不要害怕失败，因为每一次失败都是通往成功的一步。我们的旅程才刚刚开始，而坚定不移的行动是治疗一切焦虑的良药，也是一切成功的基础。

路虽远行则将至，事虽难做则必成。

本章小结

在本章中，我们探讨了现代技术工具在个人职业发展中的作用，以及如何在职场中制定晋升策略和准备。以下是本章的核心内容概要：

1.AI 技术在个人职业发展中的角色

（1）重要性。AI 技术改变工作方式，重新定义职场知识和技能。

（2）步骤：①了解自己在 AI 领域的水平和需求；②学习编程语言、数据科学、机器学习算法等；③将知识应用于实践，如数据分析或自动化脚本；不断学习新技能，迭代改进解决方案；④加入专业社群，与同行交流心得。

2. 职场晋升的策略与准备

（1）晋升的意义。晋升意味着更高的职位、薪酬和个人价值的认可。

（2）策略与准备：①确定并了解目标职位的要求；②诚实评估自己与目标职位之间的差距；③制订个人发展计划和行动步骤；④通过各种途径不断学习和提升；⑤在日常工作和团队合作中展现领导能力；⑥与同事、上级和行业专家建立良好关系；⑦与上级和人力资源部门沟通晋升意愿。

3. 培养与发展领导力

（1）领导力的重要性。领导力是推动个人和组织发展的关键。

（2）领导力的必要性。领导力对职场发展、创业成功和社会责任至关重要。

（3）领导力的多维度。领导力的多维度包括愿景规划、沟通能力、情绪智力等。

（4）培养领导力的步骤。自我认知、设定目标、学习领导理论等。

4. 经营思维是个人成长终极大招

（1）经营思维的重要性。帮助我们在职场中做出明智选择和决策。

（2）经营思维的构成要素。目标设定、市场定位、品牌建设和财务规划。

（3）经营思维的最佳实践。以终为始、主动出击、灵活应变和价值创造。

5. 行动是一切成功的开始

将所学知识付诸行动，是实现职场成功和个人成长的关键。

结束语

在这段探索自我、重构思维、进阶技能的旅程中，我们经历了认知篇的深刻洞察，实施了重构篇的策略实践，并磨炼了进阶篇的技巧。现在，当我们回望过往，每一个挑战，每一次成长，都是我们突破自己的坚实脚步。

书名中的“职场突破”，不是一句口号，而是一段需要我们用智慧和勇气去开启的职场升级之路。在突破的过程中，我们学会了如何认知自我，如何在平凡中寻找不平凡，如何在逆境中寻找机遇，如何在变化中拥抱创新。

我们都知道，职场上的成功并非一蹴而就，而是一场关乎自我提升和价值实现的长期旅程。我们被各种成功典范和网络文化包围，但真正的成功来自对自我价值与社会需求的深刻理解和不懈追求。每个人都是自己命运的塑造者。只有通过主动打破自我角色定位的限制，积极拓展自我认知的边界，我们才可以更好地应对职场挑战，把握住个人成长和发展的机遇。我们是自己个人股份公司的老板，这家公司经营所取得的业绩和利润不仅关乎公司财务收入，还涵盖了个人成长、职业发展、社会贡献等多个维度。我们学习了如何通过持续学习、个人品牌建设、资源网络和关系管理，以及身心健康管理来优化自我提升和个人成长。

我们注意到，个人成长和职业发展不是孤立的，它们与我们的家庭和工作岗位紧密相连。家庭的支持为我们提供了坚实的后盾，而工作岗位则是我们实现个人价值和社会贡献的舞台。我们学会了如何平衡家庭生活和职业发展，如何在这两个领域中都成为优秀的超级个体。

我们意识到，我们身处快速发展环境中正在经历着前所未有变化和挑战，但这正是检验我们是否能够突破自己的试金石。我们学会了如何通过适应性和创造性思维来应对变化，如何在逆境中寻找成长的机会。我们清楚挫折和失败不是终点，而是通往成功的必经之路。每一次失败都是学习和成长的机会，都是我们成长的铺路石。

我们学习到，如何通过建立信任、抓住机会、实现结果来开启更多的职业机会。我们清楚了“闭环思维”和“结构化思维与表达”的能力对于确保工作的有效性和高效性至关重要。我们学会了如何屏蔽外界的噪声，专注于自己的成长和目标。

在个人战略与目标设定方面，我们认识到了明确使命、设定目标、制定策略、采取行动和进行复盘的重要性。我们学会了如何通过 OGSM-T 模型来解码目标，将远大的愿景转化为具体的行动。我们了解到，个人商业模式画布是一个强大的工具，可以帮助我们全面分析和设计自己的商业模式，确保我们的产品和服务能够满足市场需求，并为市场所接受。

在职场进阶的道路上，我们探讨了十项基本功，包括向上管理、接收指令、问题分析与解决、会议技巧、时间管理、处理异议、团队协作、高效沟通、换位思考和情绪管理。这些技能是我们在职场中脱颖而出的关键。同时，我们拥抱现代技术工具在职场应用，以提高工作效率和促进个人职业发展。

我们还学习了职场晋升与领导力发展。我们了解到，晋升不仅需要策略和准备，还需要展现领导潜力、建立人际网络，并主动沟通晋升意愿。我们认识到，领导力是多维度的能力集合，包括愿景规划、沟通能力、情绪智力、适应性和创新思维。我们被鼓励去培养和发展领导力，以实现个人职业发展和创业成功。

在这段旅程的每一步，我们都在不断地学习、实践、反思和成长。我们学会了如何像经营企业一样管理自己的职业生涯，以战略的眼光审视个人发展，以投资的心态规划每一次学习和成长的机会。我们认识到，经营思维不仅仅是一种管理策略，更是一种生活哲学，一种深刻影响我们如何理解自我，如何规划未来，如何在职场中航行的智慧。

现在，当我们站在这条成长之路的十字路口，我们会发现，这不仅仅是一本书的结束，更是一个全新旅程的开始。我们已经装备好了必要的知识和技能，准备在职场中乘风破浪，实现个人的价值和梦想。但请记住，我们的旅程才刚刚开始，而我们已经拥有了高效自驱做自己主人的力量。在未来的日子里，无论遇到什么样的挑战，我们都要保持学习和成长的态度：不断地提升自己，不断地挑战自我，不断地追求卓越。我们的努力，我们的坚持，我们的智慧将引领我们走向更加辉煌的职业生涯。

最后，不要忘记，我们的成功不仅仅属于我们自己，也属于在我们成长道路上支持、鼓励、帮助我们的家人、朋友和同事。当我们实现自己的梦想时，不要忘记回馈社会，回馈他们，因为我们的成长旅程，也是与他们共同成长的过程。

让我们带着满满的信心和勇气，迈向那个属于我们自己的，充满无限可能的未来。因为我们相信，只要我们敢于梦想，敢于行动，我们就能做到。我们是自己的主人，我们的命运掌握在自己手中。祝愿在成长的道路上我们越走越远，不断超越自我，实现生命的价值和意义。

请记住，我们的旅程才刚刚开始，而我们已经准备好了。加油，未来的我们，一定会感谢现在努力的自己。